MW01227834

El juicio neurótico

Aproximaciones al pensamiento crítico

Ramiro Rodríguez

Ediciones
MONARCA

El juicio neurótico
Aproximaciones al pensamiento crítico
Ramiro Rodríguez

El juicio neurótico Aproximaciones al pensamiento crítico

© D. R. 2020, Ramiro Rodríguez.

© D. R. 2020, Ediciones Monarca.

219 Crosswind Way

Brownsville, Texas. USA. 78526.

Primera edición: Ediciones Monarca, 2020.

ISBN-13: 979-8642714713

Teoría de la subjetividad

Un juicio objetivo
Dentro de la subjetividad literaria

"Narrar es (...) disponer acontecimientos en el tiempo. (...) Describir es ubicar objetos, seres y circunstancias en el espacio..." [1]

Siempre he intentado definir el objeto de la crítica literaria y, al hacerlo, se desata una serie de interrogantes que, más que acercarme, pareciera que me alejan de mi propósito. Sin embargo, algunas ideas logran fluir en sus cauces, se ordenan, se enfrentan unas con otras y les permito que se manifiesten para presenciar los caminos que deciden tomar. ¿Qué es crítica literaria? ¿Hacia dónde conduce su aplicación? ¿Quién puede realizar una crítica de esta índole? En una osada postura me atrevo a definir lo siguiente: la crítica literaria es subjetividad de opinión sobre aspectos relevantes de una obra. Subjetiva, puesto que el crítico observa los detalles que la componen desde un plano personal, delimitado por el conocimiento individual y su experiencia en el campo literario. El crítico expone sus comentarios desde su capacidad para observar las partes de la obra en relación estrecha con el todo.

---

[1] Raúl H. Castagnino, *El análisis literario*, pp. 212, 214.

Al adentrarse a la realización de una crítica, es posible considerar una serie de herramientas de análisis vinculadas entre sí que buscan explicación al texto objeto de estudio. A partir de un cuidadoso análisis literario, de una fragmentación ordenada del texto, de una determinación de las funciones de cada una de las partes que lo componen, el crítico puede presentar una opinión–tesis sobre el sentido y la importancia de la obra.

En el análisis literario concurren una serie de elementos que ayudan a dilucidar el porqué de la obra, las causas de su creación, su propósito original. ¿Qué es una obra literaria? ¿Para qué fue creada? Una obra —*universo individual de creatividad humana*— tiene razón de ser considerada como tal cuando cumple con la misión de contribuir a explicar la función extramuros del hombre desde la perspectiva personal y lírica del escritor. En intramuros, el **punto de vista** del narrador —o perspectiva— es el primer aspecto que se debe considerar para un análisis minucioso. Es posible determinar la existencia de un narrador omnisciente, es decir, el narrador que conoce todo lo que ocurre, ocurrió o está por ocurrir en el tiempo y espacio creados por el escritor, el pensamiento del personaje y la solución a la problemática planteada; un narrador en primera persona, en donde el protagonista lleva el hilván de los acontecimientos y la trama gira en torno a su persona; un narrador externo, quien se limita a presentar eventos sin incluirse como personaje, sino como simple testigo de los hechos; y un narrador múltiple, en donde varios testigos o personajes presentan la historia de acuerdo a su propia visión de los hechos.

La determinación del **tema central** se logra tras la lectura íntegra del texto. Aquí es relevante pensar en palabras claves que aparecen con recurrencia en el discurso literario y que convergen en la estructuración de la columna vertebral de los eventos. A partir de la definición temática, es posible delinear la existencia de diversos subtemas que son de importancia intrínseca para la explicación total de la obra. En textos narrativos, como la novela, es recurrente la existencia de varios subtemas que contribuyen al soporte colectivo del tema central.

El análisis de la psicología de los **personajes** —si es el caso— es factor determinante para la formulación de un juicio crítico sobre un personaje específico. El escritor presenta personajes en ciertos estados emocionales, de los cuales se vale para desentrañar una explicación conductual: *personajes extraordinarios* con características singulares que los distinguen del resto de los hombres o *personajes comunes* sin una aparente distinción pero que recrean ciertas realidades universales o de una región específica. Los personajes son recursos valiosos que contribuyen para que las acciones sean memorables durante y después de la lectura de la obra literaria.

Por lo general, el escritor se vale de reiteraciones o simbolismos en el texto, utilizados con el propósito creativo de enfatizar ciertos aspectos de íntima relación con el tema central. Es decir, todos los géneros literarios (cuento, novela, crónica, poesía, etc.) cuentan con aspectos sistemáticos que fortalecen la intención fundamental del escritor. Así, la mención reiterada de animales (el *caballo* en *Don Segundo Sombra*, Ricardo Güiraldes), de ciertos colores (el color *negro* en *El Reino de Este Mundo*, Alejo Carpentier), algunos vocablos con carácter simbólico (el concepto *íngrima* en *El Señor Presidente*, Miguel Ángel Asturias), estados anímicos o físicos (la *soledad* en *Te Llamaré Viernes*, Almudena Grandes), etcétera, tienen premeditación relevante para aparecer en la obra. Aun sin desentrañar el significado literario de dichos detalles, estos aspectos sistemáticos tienen la misión consciente de lograr cierto efecto emocional en el lector, aunque, en diversas ocasiones, el efecto se produce en el lector de manera inconsciente. En otras palabras, algunos términos simbólicos guardan propósitos de impacto emocional en el lector, aunque éste no los perciba de manera consciente.

Otro aspecto para considerarse en un análisis es el uso relevante e intencional de algunos **recursos literarios** o estilísticos que adjudican originalidad y riqueza literarias a la obra. Existen en la obra casos de adjetivación, metáforas, personificaciones, antítesis, juegos de palabras —como el retruécano o el calambur—, simbolismos, jitanjáforas, etc., que carecen de cierto lazo estrecho con el tema y, por lo tanto, no vienen a considerarse *sistema temático* para resolver la comprensión del texto, sino que vienen a lograr cierta originalidad lexicológica o singularidad estilística.

Una vez considerados estos elementos de análisis,

una vez justificados y descompuestos a través del método para lograr una comprensión minuciosa de cada elemento, el crítico será capaz de opinar sobre la calidad de la obra. Es decir, la crítica literaria se realiza con acicrto cuando el crítico ha considerado una serie de elementos que le permiten la gestación de un juicio objetivo dentro de la subjetividad literaria.

Bibliografía:
Raúl H. Castagnino, *El análisis literario*, Editorial Nova. Argentina, 1974.

ELEMENTOS BÁSICOS DE UN TEXTO NARRATIVO

Tanto el cuento como la novela, así como la fábula, tienen el propósito de contar una historia. Inclusive el poema tiene, con frecuencia, dicho propósito, pero aquí los motivos divergen en estructura y lenguaje de los subgéneros literarios mencionados al principio.

El cuento es un texto de ficción, aun cuando presenta un acontecimiento cercano a la realidad, que se caracteriza por la brevedad y el manejo de un solo asunto a través de unos cuantos personajes. La novela, por otra parte, también de ficción, se caracteriza por una extensión considerable, la abundancia de personajes y el empleo de diversos temas que giran en torno a uno central. En el caso de la fábula, el texto es semejante al cuento, pero por tradición presenta personajes no humanos y conlleva una moraleja.

En todos los casos, cuando se realiza un estudio minucioso del texto narrativo, existe una serie de elementos que deben tomarse en consideración para un análisis completo y preciso:

1. *El punto de vista.* Es la perspectiva desde la cual el autor se expresa. El autor controla el tipo de información que recibe el lector mediante la intervención del

narrador. El narrador puede manifestarse en primera persona (yo), segunda persona (tú), tercera persona (él, ella) o, con menos frecuencia, cualquier otra persona del plural.

2. *El narrador*. Es quien cuenta la historia, el desarrollo de los eventos, la descripción —detallada o no— de personajes y ambientes. El narrador puede ser omnisciente; en otras palabras, el narrador que lo sabe todo, inclusive quien penetra en el pensamiento y las sensaciones de los personajes. El narrador testigo u observador es aquél que narra los eventos tal como los observa y, con frecuencia, aparece como personaje. El narrador y el autor no son la misma persona: aquél controla la narración desde el plano interior del texto, mientras que éste lo hace desde un plano exterior.

3. *Escenario, ambientación, entorno*. Estos son tres elementos que deben considerarse como parte fundamental del texto narrativo. El escenario es el lugar físico donde se desarrollan los eventos, los elementos evidentes frente a la imaginación del lector. La ambientación se refiere a los pormenores verosímiles en los que se apoya la historia que se cuenta para atribuirle credibilidad, en caso de que así lo requiera el plan del autor; por ejemplo, el contexto social en el que se desarrollan los eventos, la realidad política, el momento histórico —como trasfondo o no— de los acontecimientos en el texto narrativo. El entorno, en otras palabras, el ambiente, puede dividirse en físico, psicológico, histórico, simbólico: el primero es aquél que se refiere al espacio físico que

ocupan los personajes; el psicológico se refiere a los estados anímicos, a las características emocionales que padecen los personajes; el ambiente histórico involucra los acontecimiento reales con la ficción del texto narrativo; el simbólico nos muestra el estrecho vínculo, muchas veces de manera no explícita, entre los eventos ficticios del texto y la realidad representada.

4. *Los personajes.* Aun basados en personas que existen o han existido, los personajes son producto de la imaginación del autor. Los personajes se valen del diálogo para manifestar la interacción natural de manera más concreta. Al personaje principal se le llama protagonista y al que está en su contra se le llama antagonista. También hay personajes secundarios que aparecen para fortalecer el propósito de la historia y su relación —cercana o no— con el protagonista. Los personajes son los vehículos de lo que quiere comunicar el autor: los hay dinámicos, estáticos, positivos, negativos.

5. *Trama, conflicto, argumento.* La trama es el conjunto de acontecimientos generales que están relacionados con los personajes. El conflicto es la problemática alrededor de la cual giran las acciones de los personajes, los sucesos organizados dentro del espacio y el tiempo del texto. Existen cuatro tipos de conflicto: el interno, que ocurre en relación consigo mismo; el conflicto con otro personaje, puesto en evidencia en la relación protagonista-antagonista; el conflicto personaje-sociedad, que muestra al individuo frente a la colectividad social; y el personaje-naturaleza, el cual, como su nombre lo indica,

muestra al individuo frente a los elementos de la naturaleza. El argumento es el resumen de los hechos y las acciones, la sucesión de eventos y episodios que componen la historia que se cuenta dentro del texto narrativo. La organización en que se presentan estos elementos puede ser cronológica, es decir, apegados al tiempo lineal de los eventos; en secuencia, sin cumplir con los requisitos de la cronología o el orden natural de los acontecimientos; con *flashbacks* o retrospecciones, lo cual se refiere al desplazamiento hacia el pasado; y la prospección, que muestra lo contrario al *flashback*. En la narración podemos encontrar suspenso, es decir, la tensión generada como consecuencia de las acciones de los personajes. La problemática que presentan los eventos lleva a una etapa denominada clímax, el momento de mayor tensión, y luego el desenlace, que es la resolución de la problemática. El final puede ser abierto, cerrado, positivo, creativo, inesperado, frustrante, entre otros. En ocasiones, la trama puede presentarse de manera fragmentada, es decir, en "cuadros" que presentan los eventos de manera acronológica, lo cual habla de la estructura del texto (punto 8).

6. *El tema.* Es el núcleo del relato, la idea principal del texto. El tema está expresado en términos de conceptos o valores, tales como la solidaridad, la amistad, la justicia, el amor filial, entre tantos otros. En la novela, existe la posibilidad de varios temas entrelazados los cuales, por lo general, se vinculan con el tema principal. El humorismo y la tragedia son recursos que el autor

19

utiliza entre sus personajes para transmitir divertir o impactar, según los propósitos del texto. Cuando los temas abordan situaciones imposibles de creer, es decir, eventos extraños y/o inverosímiles en la vida cotidiana, se habla de una narrativa del absurdo. El cuento de horror —o de terror— se propone narrar una o varias situaciones que impacten la sensibilidad del lector mediante eventos terribles.

7. *El estilo.* Es la manera individual en que un escritor escribe el texto. Parafraseando a Raúl H. Castagnino, digo que la *narración* coloca los eventos en el tiempo, mientras que la *descripción* coloca los objetos, personajes y eventos en el espacio. El autor se vale de recursos para la creación del texto, la manera en que selecciona la información, el manejo del lenguaje, las técnicas empleadas en la construcción de la historia. El autor escoge, combina, construye personajes, describe los detalles del entorno, narra los conflictos y las problemáticas, integra los elementos hasta lograr esa cohesión en las acciones. A propósito del lenguaje, éste puede ser denotativo o connotativo: el primero muestra una construcción simple de las ideas, mientras que el segundo juega con los símbolos y la estética de las figuras literarias. El autor se vale de técnicas literarias para la presentación de los eventos; puede recurrir al realismo, al realismo mágico, lo real maravilloso, el surrealismo, la ciencia ficción, entre otros recursos. Las ideas pueden ser abstractas, es decir, simbólicas; mientras que, por otro lado, estas ideas pueden ser no abstractas. El autor también se vale

de otros recursos para presentar los eventos; por ejemplo, la transformación, la cual consiste en presentar la evolución paulatina —o no— de un individuo en un objeto, un ser vivo no humano o en otro ser humano.

8. *La estructura*. Es el modo en que el escritor organiza los eventos que constituyen la trama, la armazón del relato planificado de una manera particular, con el sello individual del artista. La estructura puede ser cronológica, es decir, el autor puede recurrir a la presentación de un tiempo lineal al contar los eventos; o acronológica, en otras palabras, no lineal. El monólogo interior es un recurso estructural que consiste en presentar el momento reflexivo —o el pensamiento mismo— a manera de monólogo colocado en algún momento específico del discurso narrativo. La técnica del desdoblamiento consiste en vincular dos momentos narrativos que convergen en una fusión de planos. La epístola es el texto narrativo a través del formato de la carta. El fluir de la conciencia —o el flujo de la conciencia— es un recurso que utiliza el autor para soltar o liberar ideas en un orden no premeditado y que, por momentos, pudiera percibirse una especie de caos en el discurso narrativo.

Esta enumeración de elementos básicos ayudará, no sólo al lector crítico en el proceso de comprensión de la obra, sino al narrador para lograr una mejor comprensión del estudio elemental y práctico del texto narrativo.

EL REALISMO MÁGICO SEGÚN E. ANDERSON IMBERT

"El mundo mágico pervive en numerosos elementos folklóricos que sobreviven prácticamente hasta nuestros días, principalmente en el mundo rural. Los embrujos, las hechicerías, los sortilegios forman parte de una cultura popular..." [1]

El escritor argentino Enrique Anderson Imbert (1910-2000), una de las voces ensayísticas y narrativas más representativas de Hispanoamérica, aborda en su ensayo "El Realismo Mágico en la ficción hispanoamericana" (1976) los orígenes de la expresión "realismo mágico", tanto en el arte pictórico como en la literatura, sosteniendo —con la seguridad que otorga la investigación meticulosa— que *"lo mágico, lo maravilloso, no está en la realidad, sino en el arte de fingir"*. [2]

En su propuesta teórica, el autor retrocede en el tiempo para explorar los nombres de diversos artistas que utilizaron por primera vez esta expresión. Llega hasta el crítico de arte alemán Franz Roh, quien utilizó los dos vocablos para designar a un grupo de pintores alemanes cuya estilística se acercaba a lo mencionado en el párrafo anterior. Anderson Imbert aborda la contraposi-

---

[1] Marco, Joaquín. Prólogo de *Cien años de soledad*, p. 27.
[2] Skirius, John. *El ensayo hispanoamericano del siglo XX*, p. 358.

ción de estilos estudiada por Franz Roh: impresionismo, expresionismo y postexpresionismo, en donde la primera refleja la realidad cotidiana en su creíble expresión; la segunda, una realidad inexistente, en rebelión absoluta contra la naturaleza; y la tercera, un regreso a la realidad en mágica recreación: *"Arte de realidad y de magia, Franz Roh lo bautizó como realismo mágico"*.[1]

Anderson Imbert logra recrear la dialéctica de Franz Roh —aplicada con mayor frecuencia en la pintura— en el arte literario: *"una tesis: la categoría de lo verídico, que da el realismo; una antítesis: la categoría de lo sobrenatural, que da la literatura fantástica; y una síntesis: la categoría de lo extraño que da la literatura del realismo mágico"*. [2]

Además, el escritor argentino recurre a una postura lúdica al observar la misma situación desde otro plano, en un ingenioso juego de palabras cuya distinción se ha ido perdiendo con cierto letargo en la lengua española (preternatural–supernatural) pero que se conserva en el inglés: lo natural, lo sobrenatural y lo preternatural: *"Preternatural: Going beyond the ordinary course of nature; having no natural explanation or cause. Supernatural: Of or pertaining to an order of existence beyond the natural world."* [3]

De esta manera denomina al realismo, a la literatura fantástica y al realismo mágico, como lo verídico, lo sobrenatural y lo extraño, respectivamente, conceptos que diferencian de manera precisa y efectiva las definiciones

---

[1] Skirius, John. *El ensayo hispanoamericano del siglo XX*, p. 348.
[2] Ídem, p. 349.
[3] Webster's II New Riverside Dictionary.

de realismo mágico y literatura fantástica.

Este análisis metódico desemboca en la necesidad de establecer las disimilitudes entre expresiones manejadas con relativa frecuencia por escritores y críticos literarios: literatura fantástica, realismo mágico y lo real maravilloso. Algunos escritores y críticos opinan que las tres expresiones son homogéneas, de características similares, las cuales bien pueden ser utilizadas sin mayor distinción en la literatura ya que designan a un mismo fenómeno, antitético a la realidad. Sin embargo, con gran convicción que se cimienta en pruebas (me refiero a las citas textuales), Anderson Imbert desgaja la diferencia entre tales expresiones y determina su calidad de recursos estilísticos independientes: *"que la noción de lo real maravilloso por ser ajena a la Estética no debe confundirse con la categoría, ésta sí estética, del realismo mágico. Y me apresuro a añadir que tampoco el realismo mágico debe confundirse con la literatura fantástica"*. [1]

Existe en el ensayista argentino un explícito desacuerdo sobre una publicación acerca del cuento venezolano del escritor Arturo Uslar Pietri, en 1948. Anderson Imbert critica el hecho de que Uslar Pietri no haya mencionado en ningún momento que la expresión realismo mágico se debe a la iniciativa de Franz Roh, adjudicándose de modo directo su invención: *"Lo que, a falta de otra palabra, podría llamarse un realismo mágico"*. [2]

Así como Uslar Pietri, hubo algunos otros escritores

---

[1] Skirius, John. *El ensayo hispanoamericano del siglo XX*, p. 353.
[2] Ídem, p. 328.

que ignoraron la iniciativa de Roh al mencionar por primera vez la expresión realismo mágico. En otras palabras, Anderson Imbert ase la bandera de la justicia y reivindica la presencia del alemán Franz Roh en el origen del realismo mágico, aunque éste haya sido en la pintura.

Si se enfoca la perspectiva formal del ensayo de Anderson Imbert, se observa una progresión encadenada de ideas, organizadas con frecuentes intertextualidades en donde no sólo menciona a los artistas, sino que cita sus comentarios y opiniones dando, por ende, mayor objetividad a su idea central: Franz Roh, Arturo Uslar Pietri, Ortega y Gasset, Franz Kafka, Jorge Luis Borges, Gabriel García Márquez, *et al*:

"Pero en América, donde no se ha escrito nada semejante, existió un Mackandal dotado de los mismos poderes por la fe de sus contemporáneos, y que adelantó, con esa magia, una de las sublevaciones más dramáticas y extrañas de la Historia. [...] Pero ¿qué es la historia de América toda sino una crónica de lo realmaravilloso?". [1]

El ensayo posee una estructura narrativa porque va creando situaciones en donde abundan anécdotas y descripciones de momentos específicos. Por otra parte, la alusión de hechos históricos y anecdóticos le atribuye un método argumentativo en el desarrollo de la idea central. Las ideas también estriban en técnica de exposición y es apreciable una afirmación lineal sobre esa realidad

---

[1] Carpentier, Alejo. Prólogo de *El reino de este mundo*, p. 17.

literaria de Hispanoamérica.

Si se analizan el contenido y la terminología utilizadas, es posible afirmar que el lector requiere de soporte cultural específico: histórico–literario, además de conocimiento de la lengua inglesa ya que Anderson Imbert formula analogías y disimilitudes sobre cuestiones semánticas del inglés y el español: "el tenue matiz que diferencia las preposiciones latinas *praeter* y *super* se ha perdido en el español. En inglés, en cambio, el matiz se conserva mejor: leo en el *Webster's Dictionary*: *that is preternatural which exceeds in some way what is natural, ordinary, or explicable, without being felt as supernatural.*" [1]

En la exploración del lenguaje empleado por el ensayista, el hecho de que Anderson Imbert recurra a la frecuencia de citas textuales podría adjudicarle al ensayo un definitivo sentido de objetividad. Sin embargo, la riqueza terminológica determina el predominio de un lenguaje connotativo. Un panorama analítico sobre la connotación en el lenguaje de la obra sería el siguiente: Préstamos: *nach–expressionismus, magischer realismus* (del alemán), *les enfants terribles* (del francés), los conceptos sobre preternatural tomado de dos diccionarios de la lengua inglesa: "*preternatural suggests the possession of supernatural gifts, like the dog's smell.*" Tecnicismos: hidrógeno, oxígeno, H_2O. Arcaísmos (en México): os habituaréis, vuestro, estimadlo. Metáforas: el *tinte indio* (color de piel), las *vastas manchas* del africano (la presencia física),

---

[1] Skirius, John. *El ensayo hispanoamericano del siglo XX*, p. 349.

la *inteligencia* americana (cultura y civilización). <u>Paralelismo</u>: La alusión del teatro (drama, escenario, coro, personajes) en relación con América (situación, época, población americana, inteligencia).

Con un tono acusativo en la expresión de sus ideas, la presencia de Enrique Anderson Imbert está denotada en la primera persona del singular: "*A veces me digo en voz baja (claro, sin creérmelo) que acaso fui el primero en asociar a Roh, que lo lanzó hace medio siglo, con el realismo mágico de un escritor hispanoamericano*". [1]

Es justo —para que el término justicia alcance a Uslar Pietri— que se mencione que el escritor venezolano elaboró un ensayo —publicado en 1986— posterior al del argentino —publicado en 1976— y en él expone —a modo de rectificación, desde luego— el origen de la expresión. El realismo mágico, por lo tanto, presupone que lo mágico, lo maravilloso debe ser inventiva artística del escritor y no reflejo de la realidad.

El contenido temático manejado en el ensayo "El realismo mágico en la ficción hispanoamericana" le atribuye un sentido sociológico–literario porque penetra tanto en aspectos literarios como en asuntos vinculados con valores humanos, así como en acciones del hombre reflejadas en su entorno. El espíritu de la época —ese eslabón temático que se entreteje con la realidad del momento— está involucrado en el ensayo porque el autor plantea cuestiones de identidad en un momento en-

---

[1] Skirius, John. *El ensayo hispanoamericano del siglo XX*, p. 350.

tre guerras (1936). Además, el ensayo objeto de estas reflexiones reivindica el valor literario de los exponentes americanos cuando son estereotipados por la exótica Europa.

Bibliografía:

Carpentier, Alejo. *Obras Completas 2. El reino de este mundo. Los pasos perdidos.* Siglo XXI editores, S. A. México, 1991.

Diccionario Webster's II NEW Riverside Dictionary. Editorial Houghton Mifflin. Edición Berkley. Estados Unidos, 1984.

García Márquez, Gabriel. *Cien años de soledad.* Estudio introductorio: Joaquín Marco. Espasa–Calpe, S. A. Colección Austral. España, 1990.

Skirius, John. *El ensayo hispanoamericano del siglo XX.* Fondo de Cultura Económica. Tierra Firme, Cuarta edición, 1997. México.

Notas sobre "Thanatos y sus trampas"

I. Hacia una política de población en México

Una de las problemáticas más inquietantes de los últimos tiempos, no sólo en México sino en todos los países del mundo, es el crecimiento acelerado de población y las consecuencias tanto positivas como negativas que este fenómeno origina.

Esta situación es un asunto preocupante no sólo en gobernantes y ciudadanos, sino también en intelectuales —desde la perspectiva ciudadana de su función social— que expresan su opinión a través del periodismo y la publicación bibliográfica. Tal es el caso del escritor mexicano Octavio Paz, quien presenta en "Thanatos y sus trampas" una reflexión sobre la amenaza que representa el excesivo crecimiento poblacional contra la supervivencia de la humanidad.

Hay una progresión encadenada de ideas en el transcurso del ensayo. Esto implica una especie de paradigma de ideas que logran armonía en su secuencia y complemento en su totalidad. Cerca de concluir el texto, en el penúltimo párrafo, es evidente una digresión en donde Paz formula un agradecimiento a algunos editorialistas por la aparición de un Suplemento sobre política poblacional en México. Si se recurriera a una supresión de dicho párrafo, la idea central no sería afectada por su ausencia.

En cuanto a su estructura es un ensayo narrativo porque no elabora una simple enumeración de acontecimientos o postulados, sino que el desarrollo de ideas va determinando el rumbo de la pluma.

Para desarrollar la idea central, Paz se hace presente en la primera persona del plural y utiliza un método argumentativo, tomando como base algunos hechos históricos y descripciones que desembocan en una reflexión sociológica–moral: *"Baste con decir que todo lo que se haga en este campo ha de ser sin ella* (la Iglesia) *o contra ella"*.[1] Estos llamados a la reflexión son frecuentes a lo largo del texto y aparecen, por lo general, al final de los párrafos a manera de aforismos. La exposición de ideas sostiene una tesis que, por momentos, es puesta en formato paralelo o antitético. Sin embargo, es factible hablar de un destacado predominio de afirmación lineal.

En la mayoría de los casos, el subgénero literario ensayístico está destinado a lectores con amplio hábito de lectura y con cimientos suficientes y efectivos de cultura general. En este caso, por el contenido, el lector requiere un soporte cultural sobre sociología e historia, los cuales le permitirán una mejor y más acertada apreciación de la idea central.

Adjuntas a la tesis principal, las ideas secundarias

---

[1] Paz, Octavio. *El peregrino en su patria Historia y política de México*. Fondo de Cultura Económica. México, 1993, p. 505.

merodean con reiterada presencia. La mayor parte de estas ideas contribuye a una elocuente consolidación de la idea principal y es posible enumerarlas a continuación:

a) La idea de la existencia de tres obstáculos para la legalización y difusión de las prácticas anticonceptivas en México, contribuye a reafirmar el tema central porque de este modo se explica el crecimiento poblacional.

b) La inmadurez ideológica del pueblo mexicano para aceptar la legalización del aborto, tema tratado por la escritora mexicana Elena Poniatowska, es otra situación que construye cauce al crecimiento de población.

c) La breve alusión sobre la liberación femenina es una idea que no aporta lo suficiente al tema central. No sería justo denominarle digresión porque tiene el efecto de aportar fuerza. Es, en otras palabras, un escaparate momentáneo del espíritu de la época, la influencia de la época.

d) La crítica económica y social, por un lado, que aduce la existencia de disparidad entre recursos alimenticios y bocas humanas. Y por otro, la crítica moral y política que refleja la ventaja para el Gobierno al obtener un asalariado o un soldado más. Ambas críticas contribuyen a reforzar la tesis de Octavio Paz.

La prosa del escritor, distinguido con el Premio Nobel de Literatura 1990, se caracteriza por su riqueza en el manejo del lenguaje literario. Además de ensayista, Paz es prominente poeta, y esa influencia estética es notoria en su prosa ensayística. Luego de analizar el lenguaje de "Thanatos y sus trampas", encuentro un predominio connotativo; en otras palabras, el ensayista se vale del sentido figurado para enriquecer su estudio con una terminología depurada. Un análisis lexicológico y sobre recursos estilísticos arrojaría la siguiente conclusión: <u>arcaísmos</u>: *creced, multiplicaos* (en cita textual); <u>alusión histórica</u>: *"no sólo a los orgullosos espartanos"*, *"ni griegos ni romanos padecieron la idolatría del número"*; imagen: *"la reproducción humana es una esfera"*; aforismo: *"la rebelión del cuerpo es inseparable de la liberación femenina"*, *"lo que se creía una derrota de la muerte ahora parece una estratagema suya para mejor aniquilarnos"*; metáfora: *"Thanatos y sus trampas"* (la muerte), *"en México tres inercias"* (obstáculos), *"es una brecha contra la moral masculina"* (situación). Las figuras mencionadas están envueltas por cierta actitud del ensayista. Diría que Paz se vale de un tono acusativo–reflexivo para que sus ideas adquieran cierta efectividad de impacto.

De acuerdo con su contenido, el texto es un ensayo político–sociológico porque involucra de forma directa la participación del pueblo y la acción del Gobierno en la solución a la problemática.

El ensayo objeto de estudio refleja el espíritu de la época porque en las últimas tres décadas el crecimiento poblacional ha sido motivo de preocupación. Aquella idea de crecimiento de población que representaba beneficios políticos parece que ha resultado contraproducente. Es en esta idea donde el título del ensayo cobra vida.

El ciudadano del mundo tiene la obligación de contribuir al control poblacional. En este tiempo pocas parejas se deciden por familias numerosas, es decir, el pueblo cede ante la educación y la cultura acerca de las "trampas" del crecimiento de población. Tal vez el ensayo carece de novedad porque su origen tiene sede en los años setenta, pero es una elocuente prueba más del ingenio y el arte de uno de los hombres más importantes de Hispanoamérica.

Atisbo a la narrativa

¿Un recado trivial?

Pocos cuentos poseen la originalidad formal de "El Recado", incluido en la colección de narrativa breve *De noche vienes*, publicada en 1979. La escritora mexicana, nacida en Francia, Elena Poniatowska Amor (1932) explora nuevas estructuras formales en su narrativa. En *Querido Diego, te abraza Quiela* la escritora recurre al formato epistolar para crear una novela distinta, invadida por la pasión y la esperanza. En el cuento "Cine Prado" —de la misma colección de cuentos mencionada antes— es posible apreciar un formato similar al de *Querido Diego, te abraza Quiela* y al del cuento sobre el cual comentaré aquí.

Elena Poniatowska crea una obra con estructura lineal en donde la inserción de recuerdos se entrelaza con los acontecimientos en el presente: la rememoración de espacios, la remembranza, la retrospección al elucubrar momentos vividos en plenitud. La autora recurre al formato epistolar para crear una obra donde el punto de vista o perspectiva es, desde luego, la primera persona. Sabe que las cartas —o recados, como en este caso— poseen carácter personal. Por ende, la calidez comunicativa busca atrapar la atención del lector. Ese dirigirse a un "tú" —Martín— pretende involucrar al lector en la aventura literaria con el propósito de que éste forme parte activa en el desarrollo de los acontecimientos.

En el cuento, el personaje femenino de "ella" sabe bien que Martín no vendrá, que Martín no piensa ya más en ella; y reacciona como cualquier cantidad de mujeres hispanas lo hace: con la paciencia que dicta la tradición centenaria y la sumisión, con la humildad que las madres le heredan a la hija en los asuntos incomprensibles del amor, el hecho de esperar a que la contraparte presente una solución a su problema y no ella misma (nótese el sarcasmo entre líneas). Para atenuar la soledad en la que se hunde, "ella" —el personaje femenino de "El recado"— recurre a la observación de banalidades para mitigar el cansancio que provoca dicha espera:

"tu mimosa se inclina hacia afuera y los niños al pasar le arrancan las ramas más accesibles..." [1]

Existe cierto paralelismo entre el personaje femenino y la mimosa del jardín, ya que ésta representa la fragilidad de su lamento interno, la postración involuntaria en el abandono, el desgarramiento provocado por la ausencia. La mimosa es maltratada, como maltratada es ella, con un categórico —pero velado— rechazo por parte de Martín, el hombre que la arroja a los brazos asfixiantes de la melancolía. Además, el jardín de la casa de Martín tiene plantas con hojas como espadas, simbología invariable de la muerte: el amor que declina, que se extingue, que muere. Con aparente cotidianidad, la des-

---

[1] Poniatowska, Elena. *De noche vienes*, p. 81.

cripción de los elementos —la mimosa, las hojas, el jardín— guarda una relación intrínseca con la ruptura inminente.

Ella encuentra entre las cosas diversas frente a sus ojos un nostálgico simbolismo de su sexualidad con Martín. Inclusive, los elementos circundantes parecen manifestarse como simbología de un acto sexual que no se consuma en ese momento, sino sólo en su imaginación:

"El cielo enrojecido ha calentado tu madreselva y su olor se vuelve aún más penetrante". [1]

El erotismo entre ellos, erotismo profundo que ya se ha marchado hacia las sombras indescriptibles de la vaciedad, se manifiesta en las líneas anteriores: la madreselva de Martín (en el jardín de Martín) se calienta y la penetra. Sin embargo, la sospecha de una dolorosa conclusión está presente. Ella sabe, de algún modo, que Martín no le corresponde como antes en asuntos de amor, que tal vez nunca la amó sino sólo a su cuerpo. Su presencia frente a la puerta de la casa es un intento desesperado por asirse a un madero flotante en las aguas de un mar tranquilo tras la violencia del naufragio:

"Es el atardecer. El día va a decaer". [2]

Ella manifiesta la añoranza de un cambio en esa relación tal vez unilateral, ella quiere enmendar errores pretéritos, ansía que las cosas adopten un ritmo a su favor. Pero tiene la inaplazable certeza de que no es posible que ese cambio, esa rectificación de rumbo, suceda:

---

[1] Poniatowska, Elena. *De noche vienes*, p. 81.
[2] Ídem.

"Quisiera tener la certeza de que te voy a ver mañana". [1]

Pero no la tiene. Para su infortunio, conoce el desenlace de esta historia de amor desahuciado. Sabe que Martín no la ama como ella lo ama a él. La imagen del perro que ladra con agresión es una analogía del desamor que el hombre le retribuye; y ella piensa que la hora de marcharse —no sólo de su casa sino de su vida— ha llegado.

El trasfondo social sobre la situación delictiva en las colonias pobres de la Ciudad de México se despliega con una valiente actitud de señalamiento y acusación propios del intelectual. Aun en este recado de amor —de un amor no correspondido en plenitud, de un amor pospuesto y mutilado de raíz— la situación social toma un espacio protagónico en el desarrollo de los acontecimientos. La escritora encuentra el momento oportuno para ventilar los estremecimientos sociales que agobian al pueblo mexicano:

"en esta colonia asaltan mucho, roban mucho. A los pobres les roban mucho; los pobres se roban entre sí…" [2]

Un considerable grupo de escritoras hispanoamericanas abordan con frecuencia la problemática que enfrenta la mujer ante la tiranía masculina tradicional. La exposición de asuntos de género es recurrente en la literatura contemporánea; es tal vez una necesidad acumulada desde hace mucho tiempo para romper con la dictadura fálica que las ha gobernado desde hace siglos, colocándoles

---

[1] Poniatowska, Elena. *De noche vienes*, p. 81.
[2] Ídem.

una especie de cíngulo en la garganta. La escritora mexicana no quiere ser la excepción en estos asuntos al ventilar en algunas líneas de "El recado" esa situación de roles predeterminados desde tiempos ancestrales:

"Sé que todas las mujeres aguardan". [1]

¿Un recado trivial? Por supuesto que no. El lenguaje predominante a lo largo de este texto es connotativo. Si observamos la prosa de Poniatowska en *La noche de Tlatelolco*, en *Nada, nadie* o en *Fuerte es el silencio*, apreciaremos una prosa más sobria, concreta, con propósito denotativo, pero esto se justifica por el carácter testimonial de la obra. En cambio, la narrativa de ficción —cuento, novela— de la autora es poseedora de una expresiva riqueza literaria en cuanto a su lenguaje. La abundancia de imágenes en "El recado" le atribuye singularidad y distinción:

El hombre es *"una granada que de pronto se abre y muestra sus granos rojos, lustrosos".* [2]

El cuento satisface las inquietudes del lector más exigente. Y es que el talento femenino queda comprobado en una de las escritoras más importantes de la literatura hispanoamericana.

Bibliografía:
Poniatowska, Elena. *De Noche Vienes*. Bibliografía Era. Séptima Edición 1996.

---

[1] Poniatowska, Elena. *De noche vienes*, p. 81.
[2] Ídem.

EL DISCURSO DE LA SEXUALIDAD EN "EL RECADO" Y EN "LECCIÓN DE COCINA"

No es lo mismo hablar de literatura feminista —*relativo al feminismo, movimiento social a favor de la igualdad de derechos entre hombres y mujeres*— que hacer referencia a una literatura femenina —*propio de la mujer*—[1], ya que aquélla connota una remarcada inclinación en favor de una supremacía femenina, mientras que ésta denomina a una literatura creada por el intelecto de la mujer. Por consecuencia, es posible denominar sin distinción alguna a la literatura femenina, literatura escrita por mujeres.

La literatura femenina hispanoamericana y española ha mostrado un crecimiento bastante considerable a partir de los años setenta. Si bien, sólo han sido algunas las mujeres destacadas en las letras en los años anteriores, en este lapso una especie de explosión —paralela a la denominación de la época— ha sido evidente en los ámbitos literarios: Almudena Grandes, Gloria Fuertes, de España; Isabel Allende, María Luisa Bombal, de Chile; Rosario Ferré, de Puerto Rico; Cristina Peri Rossi, de Uruguay; Laura Esquivel, Ángeles Mastretta, de México;

---

[1] *Diccionario Enciclopédico Color Visual*, 1998.

entre otras que conforman un espacio de talento de significativa relevancia. Sin embargo, es posible identificar cierta "discriminación" en algunos compiladores que inundan sus antologías con la obra escrita por hombres, como tratando de continuar una tradición milenaria en nuestros tiempos ya obsoleta.

La calidad literaria de la obra femenina habla por sí sola. Basta con adentrarse en el realismo mágico de *Como agua para chocolate* (1989, Laura Esquivel), en el conmovedor marco histórico de *Arráncame la vida* (1985, Ángeles Mastretta), en el desenfreno erótico de *Las edades de Lulú* (1989, Almudena Grandes) o en la anecdótica autobiografía de *Rito de iniciación* (1996, Rosario Castellanos). Cuando se emprende una lectura minuciosa o un análisis literario para llegar a una conclusión objetiva, es necesario considerar que en la literatura no existen diferencias entre la creación masculina o la femenina, por el hecho de ser una u otra, sino concebir que la obra sea considerada como pieza artística por su justo valor literario.

La temática tratada por las escritoras hispanoamericanas y españolas es diversa. Sin embargo, es posible apreciar cierta insistencia en la formulación de alternativas que satisfagan las necesidades de género en su entorno social. Así, es posible observar la desorientación y la falta de identidad como estragos de la Guerra Civil en algunas escritoras españolas; el terror implacable de las dictaduras en escritoras que conforman el Cono Sur de América; la situación colonial en la isla de Puerto Rico; y el engranaje político–social en México.

El tratamiento de la sexualidad es un aspecto reiterado en la literatura femenina, ya que durante años el tema ha sido tabú infranqueable que la tradición se empeña en guardar bajo las sombras de los armarios, en el silencio mustio de las habitaciones. Si este tópico ha sido objeto de controversia en la literatura escrita por hombres, en la literatura escrita por la mujer ha despertado un asombro mayor entre los lectores, ya que esa igualdad de sexos sigue siendo un asunto teórico que impide su asimilación por la sociedad misma. Ya en el siglo diecisiete la célebre poeta mexicana Sor Juana Inés de la Cruz le dio fuertes dolores de cabeza a la Iglesia con sus exquisitos versos llenos de amoroso erotismo:

"poco importa burlar brazos y pecho
si te labra prisión mi fantasía". [1]

En la narrativa y poesía contemporáneas escrita por mujeres podemos encontrar múltiples obras que son ejemplo del tratamiento de la sexualidad, dadas la necesidad de expresión y las características propias de la época literaria. Pero enfocaré mi atención en la obra particular de las escritoras mexicanas Rosario Castellanos (1925–1974) y Elena Poniatowska (1932), con especial abundancia en dos de sus cuentos: "Lección de cocina" [2] y "El recado" [3], respectivamente. El propósito de este comentario personal es el establecimiento de una

---

[1] Poema 165.
[2] En *Álbum de familia* (1971)
[3] En *De noche vienes* (1979)

44

analogía entre las perspectivas abordadas en los cuentos mencionados con anterioridad de las dos escritoras mexicanas.

En "Lección de cocina", Rosario Castellanos vincula de manera estrecha el papel tradicional de la mujer mexicana con su sexualidad. En el cuento se critica esa obligación de la mujer para permanecer en casa —en la cocina, en realidad— como símbolo de apego a una tradición de muchos años. La estructura fragmentada del relato permite apreciar una situación paralela entre la mujer "hogareña" y el rincón sexual en donde la mujer es el elemento pasivo del encuentro. El personaje femenino de este relato habla:

"Qué me importa. Mi lugar está aquí. Desde el principio de los tiempos ha estado aquí". [1]

En estas líneas el personaje femenino admite su obligación de permanecer *aquí* (en la cocina) como predestinación. Ve en el espejo de su soledad una imagen paralela al vocablo cocina y, con estoica convicción, acepta su compromiso conyugal, por lo general elogiado por madres y abuelas de familia, quienes consideran acertada la conducta basada en la hoy denominada "absurda tradición." Desde luego, la ironía en la voz narrativa sugiere una crítica a la mujer que hace posible la reafirmación del estereotipo encontrado en la mujer mexicana.

Por otra parte, en "El recado" de Elena Poniatows-

---

[1] Castellanos, Rosario. *Álbum de familia*, p. 7.

ka, esta limitación social —autolimitación, en muchas ocasiones— también hace acto de presencia:

"Te esperaba a ti. Sé que todas las mujeres aguardan".[1]

La ironía en la voz narrativa también cumple su afán de criticar la ideología tradicional de las mujeres que se postran en espera eterna por la llegada de la pareja. La soledad que envuelve al personaje femenino de "El recado" es producto de su pasividad en la relación amorosa. Esa espera por Martín a lo largo del cuento es una fotografía de la mujer manipulada, la sombra olvidada, con frecuencia ignorada y pospuesta como asunto secundario, el objeto abandonado, la contraparte desamada, aquélla tratada como asunto olvidable; y en esta serie de sustantivos adjetivados es posible ubicar al personaje femenino de Castellanos en su "Lección de cocina".

El desempeño de la mujer en la sexualidad es diferente a la postura que el hombre representa cuando busca su satisfacción sin considerar el sentir o la decisión de su pareja. Esta es una situación cotidiana en la vida sexual de muchas parejas mexicanas e hispanas en general, situación que conduce al fracaso del matrimonio con relativa frecuencia. Castellanos alude a dicha problemática:

"Pero yo, abnegada mujercita mexicana que nació como la paloma para el nido, sonreía a semejanza de Cuauhtémoc en el suplicio [...] Boca arriba soportaba no sólo mi propio peso sino el de él encima del mío. La postura clásica para hacer el amor".[2]

---

[1] Poniatowska, Elena. *De noche vienes*, p. 82.

[2] Castellanos, Rosario. *Álbum de familia*, p. 7.

El personaje femenino de Castellanos admite que el acto sexual se le presenta, en continuas ocasiones, como lamentable suplicio donde el tormento se cierne sobre su cuerpo y su mente. Aunque tuviera justificación, presentarle una negativa por cierta indisponibilidad —ardor en su piel como consecuencia de los rayos solares a los cuales se expuso durante su estancia en la playa— es un hecho que jamás podría pronunciar con el propósito de evitarle un mal momento a su cónyuge. Acepta el tormento físico como inexorable estigma; y la mecanización ya conocida —que además representa la postura de dominación del hombre sobre la mujer— de *la postura clásica para hacer el amor* se repite una vez más:

"Cumplo un rito y el ademán de entrega se me petrifica en un gesto estatuario". [1]

La fuerza de la imagen literaria crea un doble impacto en la gravedad de la situación. Para el personaje femenino de Castellanos, el acto sexual es una especie de concesión obligatoria, una fría premeditación de movimiento, un mecanismo en donde el sentimiento y el placer de la mujer son elementos secundarios porque lo indispensable —según la tradición y la decencia— es la satisfacción única del hombre.

El personaje femenino de Poniatowska es un ser pospuesto. En ese momento de abandono, la elucubración sobre momentos eróticos con su amante llega en afán de perpetuar minutos de apasionada entrega, la cual

---

[1] Castellanos, Rosario. *Álbum de familia*, p. 13.

se vislumbra en próxima caducidad:

"Aquí estoy contra el muro de tu casa, así como estoy a veces contra el muro de tu espalda. [...] El cielo enrojecido ha calentado tu madreselva y su olor se vuelve aún más penetrante". [1]

La añoranza de momentos eróticos pretéritos está presente en las dos primeras líneas; y en el resto de la cita, el momento sexual acontece de algún modo sin la presencia física de él. Basta observar y percibir el aroma de la madreselva que la penetra como si la planta fuera el cuerpo cálido de su amante. Estas imágenes, las cuales se desatan como aves dentro del monólogo interior, transportan a los umbrales exquisitos de la poesía.

La sangre le hierve como consecuencia de la pasión que siente por el hombre. Piensa en Martín como si él fuera una especie de fuente que sacia la sed natural de su cuerpo. La juventud es la única culpable de esa necesidad sexual que la atormenta hasta el delirio deseando, inclusive, llegar a la vejez para controlar tal situación de desorden corporal. El personaje femenino de Poniatowska asevera este comentario a continuación:

"No me sacudas la mano porque voy a tirar la leche... [...] quisiera ser más vieja porque la juventud lleva en sí, la imperiosa, la implacable necesidad de relacionarlo todo al amor". [2]

En situaciones cotidianas, inclusive sencillas, el personaje femenino de Poniatowska encuentra indicios de su sexualidad con Martín. Ese ardor sexual es en ella el extremo opuesto y absoluto a la frialdad sexual en el

---

[1] Poniatowska, Elena. *De noche vienes*, p. 81.
[2] Ídem, p. 82.

personaje femenino de Castellanos:

"Cuando dejas caer tu cuerpo sobre el mío siento que me cubre una lápida, llena de inscripciones, de nombres ajenos, de fechas memorables. Gimes inarticuladamente y quisiera susurrarte al oído mi nombre para que recuerdes quién es a la que posees". [1]

La mecanización a la que se hace referencia en esta cita postra a la mujer en un abismo de hielo que la hace permanecer inmóvil. El personaje conoce la infidelidad de su marido, pero está dispuesta —según lo estipula la tradición de la mujer mexicana, insisto— a tolerar la humillante situación, tal vez porque es uno de los "privilegios" que la Historia le otorgó al hombre. Ella conoce sus obligaciones de esposa y está dispuesta a continuar en esa vorágine de silencio ensordecedor, en ese círculo de reflexiones estériles que la acosa noche y día:

"Yo rumiaré, en silencio, mi rencor. Se me atribuyen las responsabilidades y las tareas de una criada para todo. He de mantener la casa impecable, la ropa lista, el ritmo de la alimentación infalible. Pero no se me paga ningún sueldo, no se me concede un día libre a la semana, no puedo cambiar de amo". [2]

Este párrafo es una referencia incuestionable al estrecho lazo que une la postura pasiva de la mujer con su sexualidad. Tal vez aquélla sea una consecuencia de ésta. O viceversa. La expresión *"no puedo cambiar de amo"* puede sugerir un deseo interno de total liberación y ansiedad sexual que permanecerá por siempre en su interior porque es inconcebible en la mujer. Es posible apreciar

---

[1] Castellanos, Rosario. *Álbum de familia*, p. 14.
[2] Ídem, p. 15.

la exigencia inamovible de la tradición en el silencio que debe guardar toda mujer "decente", porque está vedada cualquier manifestación de rebeldía en el matrimonio por parte de ella. Eso sí, la mujer está inconforme; pero termina por admitir que su inconformidad se convertirá en piedra en lo más recóndito de su silencio y no le quedará más que continuar con la representación de *"la femineidad que solicita indulgencia para sus errores"*. [1]

Con verdadero afán de despertar conciencia entre las mujeres, de mostrarles la posibilidad de adoptar ojos distintos para ver la realidad circundante, ambas escritoras recurren a la ficción literaria para abordar una de las problemáticas actuales más latentes y vibrantes en la mujer mexicana de nuestro tiempo. Su discurso se constituye en un llamado perentorio a la reflexión, en el contexto de una sociedad cuyos dogmas y contradicciones son, en última instancia, indicio de un proceso de cambio.

Bibliografía:

Castellanos, Rosario. *Álbum de familia*. Joaquín Mortiz. México, 1999.

De la Cruz, Sor Juana Inés. *Obras completas, Lírica personal*. Fondo de Cultura Económica. México, 2009.

Diccionario Enciclopédico Color Visual. Ediciones Trébol, S.L. Barcelona, 1996.

---

[1] Castellanos, Rosario. *Álbum de familia*, p. 21.

El cuento hispanoamericano. Narradoras contemporáneas. Manual para el curso 6339 El cuento contemporáneo escrito por mujeres.

Poniatowska, Elena. *De noche vienes.* Bibliografía Era. Séptima Edición 1996.

LOS ANIMALES NEGROS Y EL ESCLAVO
EN *EL REINO DE ESTE MUNDO*

"Había sido mosca, ciempié, falena, comején, tarántula, vaquita de San Antón y hasta cocuyo de grandes luces verdes". [1]

Gansos, caballos, cerdos, moscas, cisnes, toros, lebreles, gallinas, iguanas y otros animales domésticos y salvajes, aparecen con frecuencia en los escenarios literarios de *El reino de este mundo*, novela del escritor cubano Alejo Carpentier. Estos animales no son elementos que surgen como consecuencia del azar o como producto de la casualidad durante el proceso creativo, sino que el autor premedita su existencia en el ambiente físico del texto, planea su desplazamiento y la razón de su aparición. Es decir, los elementos fortuitos pierden su significación en los espacios de la obra literaria. Es posible observar cierto paralelismo entre los paradigmas de fauna antes mencionados y los hombres blancos y los esclavos negros. En general, el esclavo aparece relacionado con la figura animal de atributos pobres, de características salvajes, inclusive de pequeñez que raya en insignificancia. En cambio, al hombre blanco se le atribuyen aspectos

---

[1] Carpentier, Alejo. *El reino de este mundo. Los pasos perdidos*, p. 42.

admirables, comparables con animales inteligentes, de fiereza peculiar, con predominio abrumador sobre la posición de otros animales:

"Había príncipes duros como el yunque, y príncipes que eran el leopardo..." [1]

Mackandal —uno de los personajes centrales de la novela, y esclavo, también— tiene el asombroso poder de recurrir a la metamorfosis corporal con la finalidad de alcanzar la figura de algún animal premeditado. En este recurso estilístico radica lo real–maravilloso que el escritor cubano aduce en el prólogo de la obra, en donde la fe de los esclavos es de inamovible firmeza, magnitud extraordinaria y eminente intensidad, situación que nos permite pensar en la posibilidad de las extrañas transformaciones que padece el negro Mackandal:

"Una iguana verde se había calentado el lomo en el techo del secadero del tabaco; alguien había visto volar, a medio día, una mariposa nocturna..." [2]

Aunque el ritmo de vida del esclavo es agobiante y agotador, el trabajo en el campo, intenso, y la alimentación, en reiteradas ocasiones, inadecuada, su complexión física es de admirable fortaleza. El esfuerzo por su trabajo cotidiano, la exposición diaria al sol del Caribe y la agresión rutinaria del amo, no aniquilan la fuerza interior que se desdobla dentro de su cuerpo flagelado por la furia de estos elementos. Por el contrario, su condición se fortalece. Así, la alusión sobre animales fuertes y vigoro-

---

[1] Carpentier, Alejo. *El reino de este mundo. Los pasos perdidos*, p. 24.
[2] Ídem, p. 37.

sos en relación con el esclavo es frecuente en el discurso narrativo:

"Había elegido sin vacilación aquel semental cuadralbo, de grupa redonda, bueno para la remonta de yeguas que parían potros cada vez más pequeños". [1]

Mientras que la aparición de animales durante el transcurso de la obra representa una frecuencia relevante, la mención de cosas u objetos negros u oscuros crea también un sistema de imágenes muy estrecho con el posible tema central de la obra: el esclavismo agobiante y la cotidianidad maravillosa de los negros en Haití a finales del siglo XVIII. Los objetos negros aparecen de manera reiterada, situaciones donde predominan sombras y oscuridades, elementos naturales —como la misma negrura de la noche— que vienen a crear una correspondencia absoluta con la situación vivencial de los esclavos:

"Como si todas aquellas criaturas de ojos en sombras, que miraban sin mirar..." [2]

Además de la simbología convencional del color negro en la piel, existe la exaltación de la nula relevancia otorgada al esclavo por el hombre blanco: la ausencia de voz para determinar sus inconformidades, la carencia de cualquier manifestación de palabra en defensa del rigor al que era sometido, la pequeñez étnica en la que se postraba al trabajador de las plantaciones del trópico. Vocablos todos emparentados con la negritud, elementos relativos

---

[1] Carpentier, Alejo. *El reino de este mundo. Los pasos perdidos*, p. 21.
[2] Ídem, p. 108.

a la oscuridad, el contorno sin detalles definidos a causa de la sombra. En las siguientes citas textuales, los adjetivos "negro" y "carbonizado" cumplen con su función reiterativa de fusionarse con el esclavo:

"Antes de morir sobre montones de bucráneos negros, de costillares carbonizados..." [1]

La constante alusión a la oscuridad en todas sus posibles manifestaciones, la fijación casi obsesiva por elementos oscuros dentro de ambientes interiores y exteriores, la tendencia a presentar acontecimientos con el poder indiscutible de las manifestaciones plásticas, son recursos ingeniosos que contribuyen a la ambientación de los lugares en donde se desarrollan los eventos. La "madera negra" que encontramos en la siguiente cita bien podía haber sido de otro color. Aquí el empeño por no separarse de la columna vertebral que sostiene las extremidades temáticas de la novela del escritor cubano:

"Al pie de pilastras macizas, que sostenían un gran sol de madera negra, montaban la guardia dos leones..." [2]

La conjugación de ambos sistemas de imágenes, relacionados con estrechez al tema central antes mencionado, adquiere mayor importancia con la mención de ciertos animales de piel, pelambre o plumaje negros, como inminente premonición adversa que involucra la inestabilidad del esclavo haitiano:

"Los techos estaban cubiertos de grandes aves negras, de ca-

---

[1] Carpentier, Alejo. *El reino de este mundo. Los pasos perdidos*, p. 33.
[2] Ídem, p. 79.

beza pelada, que esperaban su hora..." [1]

Cuando el autor menciona la presencia del zopilote entre los seres humanos, lo hace de tal manera que el animal aparece dentro del ambiente físico en el cual se desarrollan los acontecimientos en toda la expresión de su fealdad y aspecto grotesco, el ave poco deseada alrededor de la gente por su intrínseca simbología vinculada con la muerte. En frecuentes ocasiones, Carpentier se refiere a otros animales con ciertas características de masiva conexión al maligno, como en el siguiente caso en que describe los detalles físicos y habituales del chivo negro:

"*De noche solía aparecerse en los caminos bajo el pelo de un chivo negro con ascuas en los cuernos*". [2]

Los animales negros antes mencionados en las citas textuales no sólo eran augurio de padecimientos y simbología de males para los esclavos, sino que algunos de ellos eran la personificación misma de la muerte. La tortura y la falta de piedad con que esos animales eran privados de la vida reflejan el padecimiento inhumano del esclavo en manos de la prepotente tiranía del hombre blanco, quien se empeña en ignorar la condición humana que también caracteriza a los esclavos:

"*El machete se hundió súbitamente en el vientre de un cerdo negro, que largó las tripas...*" [3]

La muerte tremenda del animal es —para el hombre

---

[1] Carpentier, Alejo. *El reino de este mundo. Los pasos perdidos*, p. 33.
[2] Ídem, p. 38.
[3] Ídem, p. 52.

blanco— de la misma naturaleza que la del esclavo, la descripción del espacio donde mueren dichos animales, la condición que antecede y que se deriva también es muestra exacta del trato inhumano:

"Más adelante, varios pollos negros, atados por una pata, se mecían, cabeza abajo, a lo largo de una rama grasienta". [1]

En la novela *El reino de este mundo*, el autor cubano relata los cambios históricos y sociales en Haití. En particular, el narrador profundiza en el tópico controversial del esclavismo, el cual adquiere fuerza y expresión mayores con la utilización sistemática de imágenes de animales negros, ya que de este modo permite realidades visuales creadas tras el reflejo casi fotográfico de la situación lamentable que seres humanos inocentes vivieron, en un tiempo transcurrido con la pereza que origina el odio, la desigualdad, el maltrato inhumano, el estrato social, la discriminación de las razas y el sufrimiento.

Bibliografía:
Carpentier, Alejo. *El reino de este mundo. Los pasos perdidos.* Siglo XXI Editores, S. A. México 1991

---

[1] Carpentier, Alejo. *El reino de este mundo. Los pasos perdidos*, p. 76.

MACONDO Y SU REALISMO MÁGICO

Hablar de Gabriel García Márquez es adentrar nuestra capacidad de asombro a un mundo por demás asombroso, una inmersión en aguas agitadas donde la realidad cotidiana nos sorprende por la magia tan creíble que ostenta.

Por más absurda, arbitraria o hiperbólica que sea esta realidad, el autor narra las situaciones de tal manera que muchos espectadores le otorgan —en el momento alucinante que se genera mediante la lectura— veracidad a los detalles y a la sucesión de acontecimientos creados con maestría pocas veces concebida.

En el caso de *Cien años de soledad* —podríamos abordar casos similares en algunos cuentos de *Los funerales de la Mamá Grande, La increíble y triste historia de la cándida Eréndira y su abuela desalmada*, entre otras obras— la realidad cotidiana termina fundiéndose y confundiéndose con la magia del folklore y el mito popular, fusión de planos que intenta envolver el placer estético del lector, extrañado por la maravilla frente a sus ojos e inmerso en el ingenio ajeno.

Esta situación mágica —maravillosa para unos, fantástica para otros, increíble para unos y otros— se aprecia, por ejemplo, en el manejo de la alquimia que logra la recuperación de la juventud de Melquíades. Con carácter satírico, en reiteradas ocasiones, la magia es en realidad una burla, un vil engaño: Melquíades se desprende de su dentadura postiza y, al mostrarla, los sorprendidos habitantes de Macondo desorbitan sus ojos ante tal acontecimiento. Los muertos deambulan, ya en la noche o el día; no son figuras repulsivas o atemorizantes como en los relatos de terror, sino receptores que toman su turno de emisores cuando conversan con los vivos: Prudencio Aguilar, muerto por José Arcadio Buendía, aparece en la novela como un personaje vivo más. Estos muertos tienen el poder —gracias al poder del escritor— de reaparecer en la vida: Melquíades, después de muerto, regresa a Macondo lleno de vida. También la levitación es posible en cierto momento de la novela, cuando el Padre Nicanor conversa en latín con José Arcadio Buendía:

"Apenas se estiró un poco en el banquillo y se encogió de hombros cuando el padre Nicanor empezó a levantarse del suelo junto con la silla en que estaba sentado..." [1]

Existe en esta obra literaria una reiteración que sostiene la formación de una cola de puerco en el momento de la gestación de los hijos entre familiares. A pesar de ser primos, los protagonistas de esta aventura —José Arcadio Buendía y Úrsula Iguarán— confirman la invalidez de tal convicción colectiva, ya que sus hijos no nacieron con la deformación mencionada. Sin embargo, al

---

[1] García Márquez, Gabriel. *Cien años de soledad*, p. 92.

final de la historia, se cumple este mito en el último descendiente de los Buendía, cuando el penúltimo Aureliano y Amaranta Úrsula —sobrino y tía— engendran al último Aureliano, nacido con cola de puerco.

Hay otros aspectos situacionales en *Cien años de soledad* que denotan riqueza imaginativa, empleada en el proceso creativo: José Arcadio Buendía (hijo) muere dentro de un marco de misterio en el cuarto cerrado de su casa y un delgado hilo de sangre sale por debajo de la puerta sorteando muebles, descendiendo banquetas, calles y escalinatas, para llegar a la casa paterna y enterar a Úrsula (la madre) sobre su muerte reciente. Caso mágico es también el intenso temblor de las casas de Macondo al rugir clavos y tornillos de desesperación y volar hacia el lingote imantado, el cual es llevado por la calle principal del pueblo.

Este cuadro situacional refleja con brillantez cotidiana el paisaje ideológico y cultural de un pueblo, de un pueblo en cualquier parte del mundo, porque la magia, lo maravilloso y todos aquellos vocablos sinonímicos que se le pudieran adjudicar, existen entre todas las razas y en todas las lenguas.

Bibliografía:
García Márquez, Gabriel. *Cien años de soledad*. Editorial Diana. México, 1999.

EL ESPÍRITU DE LA ÉPOCA
EN *MALENA ES UN NOMBRE DE TANGO*

I. *Malena…* como testimonio generacional

Al igual que muchas otras obras literarias posteriores al período dictatorial de Francisco Franco, *Malena es un nombre de tango* refleja, de manera clara y categórica, la situación social española que sobrevive a este lapso de inestabilidad de expresión, entre otros aspectos; un largo tiempo en que la censura es, en efecto, síntoma cotidiano. La novela de Almudena Grandes es una manera de desnudarse, de salir del hermético cascarón donde España permaneció oculta durante casi cuarenta años, un despertar desesperado en el presente donde el pueblo, en su imperativo afán de resurgir de las cenizas, lame las orlas del libertinaje al cual se le porta como estandarte para hacerse visible:

"Vengan la República y el libertinaje". [1]

Con un narrador omnisciente en primera persona, la novela de la escritora nacida en Madrid en 1960 presenta un personaje singular, Malena, quien busca durante su infancia y adolescencia la conexión exacta con la urdim-

---

[1] Grandes, Almudena. *Malena es un nombre de tango*, p. 124.

bre de su identidad, posible proceder alegórico de la acción popular y paralela al pueblo español entero, ansioso por reencontrarse con sus raíces perdidas décadas atrás. En esa búsqueda desesperada, el personaje principal va de la mano con un elemento colectivo de la España posterior al franquismo: la soledad, aspecto temático relevante, la cual es como sombra omnipresente que se desplaza conforme al movimiento humano.

La dualidad conductual es una característica humana presente y visible en la mayoría de los personajes, quienes presentan ante los demás, los contornos de un rostro que esconde otro de características más reales, más estremecedoras algunas veces, por lo cual los personajes recurren al escondrijo interno e individualista. Esta es una incuestionable manifestación de la soledad, la cual refleja el espíritu de la época de la España estremecida por las reminiscencias de la dictadura.

II. La construcción lingüística: riqueza literaria y expresión coloquial

La narrativa de Almudena Grandes —al menos en las novelas *Te llamaré Viernes*, *Las edades de Lulú* y *Malena es un nombre de tango*— es rica en poderosos contrastes entre un lenguaje literario que alcanza la expresión poética y el empleo de frases y vocablos que caen en la altisonancia o la vulgaridad.

En *Malena es un nombre de tango*, objeto de estas reflexiones tal vez inconexas, destacan algunas imágenes de amplio ingenio en cuanto a la estrategia de su construcción, llenas de brillo y singularidad, de belleza artística y de elaboración estilística:

"Arrojé los despojos de mi ofrenda a unos pies diminutos que pisaban la luna sin maltratarla". [1]

En esta imagen, Almudena Grandes cede a la protagonista el poder descriptivo del buen lenguaje para denotar el reflejo de la luna en una charca. Algunas imágenes cobran, por sí solas, un inexplicable movimiento y despliegue onírico que hacen recordar la obra pictórica del artista español Salvador Dalí:

"Como si el tiempo hubiera enloquecido y con él se hubieran descabalado las cosas". [2]

En esta personificación hiperbólica del tiempo se refleja la fugacidad de su paso por la superficie de la tierra, la caminata efímera de su transcurso, la condensación de los objetos. Pero lo asombroso radica en el poder expresivo de los vocablos *enloquecido* y *descabalado* que trasmiten sensación de movimiento. El humorismo es, también, una característica de significativa relevancia en la novela de Almudena Grandes, quien recurre a expresiones populares y dichos o refranes para la creación y recreación de imágenes:

"¡El día que te sacudan, darás bellotas!". [3]

En esta imagen, la narradora atribuye características arbóreas a Paulina a través de la voz de Mercedes, quienes conviven en cotidiana batalla campal de reproches

---

[1] Grandes, Almudena. *Malena es un nombre de tango*, p. 124.
[2] Ídem, p. 72.
[3] Ídem, p. 117.

crónicos y discusiones diversas, revestidas de humorismo.

Esta manifestación lingüística, de belleza literaria sin duda alguna, contrasta con una serie de expresiones coloquiales que tal vez pudieran ser consideradas terribles explosiones de altisonancia, pero que, al conjugarse con la riqueza estética de la narración, parecieran adoptar otra dimensión morfológica y significativa, inclusive agradable y humorística:

"Que sea roja yo, que no tengo donde caerme muerta, le chillé, pero tú…mamón más que mamón…". [1]

La rabia de Mercedes al entablar la conversación —aun banal— con su coetánea Paulina, estalla en vocablos soeces que, en una señora de edad, adquieren otra tonalidad, digamos más humorística, más desfachatada, la cual tal vez diferiría con notable acento en la voz de un personaje joven. La alusión histórica también se reviste de vocablos altisonantes, como en el siguiente caso:

"Porque si ese pedazo de cabrón no hubiera empezado la guerra…" [2]

Desde luego, esta publicación es posterior a la muerte de Francisco Franco; y ahí la imperiosa necesidad de expresarse con libertad, utilizando vocablos que tracen de manera concreta el trémulo sentimiento que desfoga la rabia contenida durante varias décadas, utilizando tales términos. En ocasiones, la altisonancia se conjuga con aspectos relativos a la política, pero al fun-

---

[1] Grandes, Almudena. *Malena es un nombre de tango*, p. 112.
[2] Ídem, p. 110.

dirse con la religión parecen cobrar una manifestación subliminal —a veces, no tan subliminal— de herejía:

"Pues que le tocaban mucho los cojones su hermana, Franco y el Papa de Roma". [1]

Este antitético contraste lingüístico, de riqueza literaria y expresión coloquial, fusionados para alcanzar unidad, logra despertar una exclamación de asentimiento por la destreza de la autora y simpatía por los personajes que pronuncian un discurso coloquial humorístico.

III. Malena quiere ser un niño

En la protagonista de *Malena es un nombre de tango* es posible apreciar una desesperada búsqueda de identidad durante su niñez y adolescencia. En esa búsqueda, desde luego inocente, dada su edad, desea su transformación en persona del sexo opuesto ya que, de acuerdo con la tradición, los hombres gozan de mayores privilegios y libertades concedidas por la tradición familiar:

"Durante mucho tiempo conservé la sensación de haber nacido por error". [2]

No sólo desea ser niño, sino que define como lamentable error su nacimiento. Esta situación surge al observar que su hermana melliza, Reina, recibe toda la atención por parte de sus padres, en especial de su madre, quien ve en Reina al ser que necesita mayor protección. Ya no desea jugar el "juego" de parecerse a su hermana, sino convertirse en niño con el propósito de

---

[1] Grandes, Almudena. *Malena es un nombre de tango*, p. 111.
[2] Ídem, p. 83.

disfrutar los mismos privilegios que su abuelo materno, su padre, sus tíos, todos ellos dueños absolutos de una libertad distinta a la casi nula libertad de las mujeres de la familia.

"La solución no es convertirse en niño, y tú nunca te volverás un niño, por mucho que reces". [1]

Al confesar a su tía Magda su especial interés por convertirse al sexo opuesto, ésta le aconseja que la solución a su problemática no es la conversión a niño, ni aun con el místico favor de la Virgen María, ni la persistente imitación de la figura de su hermana melliza, sino que la solución es que debe ser ella misma, sin desear ser alguien que nunca podrá ser:

"De pequeña hasta le rezaba a la Virgen María para que, si no podía hacerme como mi hermana, me convirtiera por lo menos en un niño, porque creía que siendo un niño haría las cosas mejor". [2]

No sólo a la tía Magda le confiesa su imposible deseo interno, sino también a Fernando, de quien se enamora. Al conocer el amor y sus interminables derivados como la pasión, el placer y el dolor, en la figura de Fernando, Malena le confiesa que ya no desea ser un niño, sino que desea ser la mujer que ella es, y se define como mujer distinta a las demás, con características propias que la singularizan. En este preciso momento nace el encuentro con aquel ser reflejado en el espejo, el encuentro con su persona, con su sexualidad y con su se-

---

[1] Grandes, Almudena. *Malena es un nombre de tango*, p. 81.
[2] Ídem, p. 199.

xo, el hallazgo de su identidad que la acompaña durante el resto de la novela.

IV. Malena, el espíritu de la época

Malena es un nombre de tango es un amplio espejo donde se reflejan imágenes de un tiempo específico, contornos abundantes, figuras exactas, actos de un momento donde la expresión se retoma, después de haber permanecido a la sombra durante muchos años.

Bibliografía:

Grandes, Almudena. *Malena es un nombre de tango*. Tusquets Editores Colección Andanzas. España, 1994.

Hipocresía eclesiástica y parodia
en *Crónica del rey pasmado*

"La realidad es mucho más fantástica que cualquier ficción", dice el escritor español Gonzalo Torrente Ballester.

La novela *Crónica del rey pasmado* pretende presentar la urdimbre de una realidad en un tiempo distinto al que vive el propio autor. Ahí la complejidad para su elaboración y recreación literarias. Los ambientes, el vestuario, el lenguaje, las costumbres, la religión, la política de un tiempo distinto al actual en cuanto a cronología —época de Felipe IV en España— [1] son elementos salpicados de un simbolismo universal, reconocible en situaciones similares de nuestro tiempo.

Por lo general, el autor parte de elementos cotidianos como referentes indispensables para construir espacios, para estructurar los ambientes novelescos: la contemplación desnuda entre esposos, la murmuración de la gente, la postura institucional de la iglesia. En estos aspectos cotidianos, el autor encuentra lo maravilloso y lo memorable, lo novedoso, lo cuestionable, lo diminuto

---

[1] "Felipe IV fue un monarca más interesado en el placer que en sus responsabilidades como gobernador del país". Samaniego, Rojas, *et al. Mundo 21*, p. 62.

transformado en gran ficción dentro de las páginas de una novela.

I. Las prácticas sexuales en el matrimonio

Uno de los elementos sociales más destacados en esta obra literaria es la libertad masculina para las prácticas sexuales dentro y fuera del hogar, en contraposición a los privilegios o prerrogativas de la mujer *decente*:

"No es lo mismo (…) mirar a una prostituta, que para eso está, que a la esposa". [1]

Esta desequilibrada postura en favor del hombre ha sido por mucho tiempo objeto de discusión en un número considerable de obras literarias, sobre todo en obras contemporáneas, donde el movimiento de liberación femenina pugna por la equidad de derechos dentro de la moral. Si en la década anterior inmediata al siglo XXI existen mujeres que por voluntad propia se sujetan a la tradición, condicionadas en ocasiones por la preceptiva familiar —la influencia de la madre, las disposiciones de la abuela, por ejemplo—, sometidas a la voluntad del marido, en aquel tiempo la situación es, de manera notable, más crítica:

"La obligación de la esposa es recibir a su esposo en el lecho". [2]

No es la obligación del marido recibir en su lecho a la mujer, sino ella con actitud dócil, con su postura pasiva de siglos, su vista postrada en el suelo como profesión inconfundible de respeto, como toda mujer que *se*

---

[1] Torrente Ballester, Gonzalo. *Crónica del rey pasmado*, p. 53.
[2] Ídem, p. 69.

precia de ser decente:

"Es tolerable que los hombres gocen del placer carnal, pero las mujeres deben ignorarlo, al menos las decentes". [1]

El placer carnal, según las convicciones sociales de tiempos añejos, está predestinado en exclusiva para el hombre y la mujer indecente, aquélla que lo hace para sobrevivir y complacer su distorsión del concepto tradicional de la sexualidad.

En estos elementos extraídos de la realidad, de una realidad humana tan parcial en favor del hombre, el escritor encuentra tiempos y espacios interesantes para la recreación literaria, porque "la realidad es mucho más fantástica que cualquier ficción".

II. Acercamiento a la ortodoxia y la hipocresía eclesiásticas a través de la parodia

Uno de los aspectos discursivos elocuentes en la *Crónica del rey pasmado* —asimismo en la versión fílmica, recreada pero conservadora del eje principal del texto— es la crítica categórica a la iglesia como institución y la parodia de la sociedad española del siglo XVII. Para desplegar esta situación, el escritor crea un personaje en la novela que es una especie de portavoz personal: el padre Almeida. Y mediante su discurso, el escritor traduce con objetividad la profunda crítica a la institución eclesiástica, donde sus representantes en la tierra —el padre Villaescusa, por ejemplo— son figuras alegóricas

---

[1] Torrente Ballester, Gonzalo. *Crónica del rey pasmado*, p. 123.

70

de la hipocresía y la obcecación pecaminosa en la actividad profana, por más venial que ésta pueda parecer. El padre Almeida describe su percepción sobre la personalidad e intereses del padre Villaescusa al pronunciar:

"—*Es de esos hombres que hablan, gritan, agitan, amenazan, todo en nombre de la doctrina más pura, pero jamás se atreven a mirarse al interior*". [1]

Es el padre Villaescusa —personaje ridiculizado, figura paródica del sacerdote que intenta guardar los preceptos de la iglesia en un grado excepcional de exageración individual— quien representa la falsedad humana, las máscaras y la hipocresía religiosa, el desconocimiento y la ignorancia litúrgica con una interpretación personal de los lineamientos que la iglesia estipula como correcto y digno entre los hijos de Dios:

"*El Señor que todo lo puede, premiador de buenos y castigador de malos (…) Es lógico que Dios nos castigue haciéndonos perder la batalla*". [2]

El posible fracaso político-social es atribuido por el padre Villaescusa a los múltiples pecados del rey, entre ellos, el deseo casi compulsivo de ver desnuda a su mujer. Él afirma que toda *liviandad* e *inmadurez religiosa* trae como consecuencia inevitable el castigo terrible, no sólo para el rey mismo, sino para el pueblo que gobierna.

El padre Villaescusa es el personaje en quien recae todo el rigor de la ridiculez conductual, la desnudez corrupta que se señala a través de la parodia. Y como as-

---

[1] Torrente Ballester, Gonzalo. *Crónica del rey pasmado*, p. 77.
[2] Ídem, p. 79.

pecto adicional a su ridiculización, se le atribuye una tendencia bastante despreciable en el hombre al describir a la mujer con el horror propio de la misoginia:

"¿O bien en la contemplación de esos horribles colgajos de las hembras que se llaman mamas?". [1]

El padre Almeida, quien parece ser uno de los pocos personajes dentro de la novela con un discurso objetivo, establece un esquema paralelo, carente de equilibrio entre la fe del hombre salvaje y el hombre civilizado. Él acusa la existencia de inmadurez religiosa y la malicia en algunos representantes de la iglesia española y concluye que el indígena americano es representación de fe auténtica cuando afirma:

"No creerían en nuestro Dios, pero creían de verdad en los suyos". [2]

En la obra se critican ciertos rituales de oración, penitencia y procedimiento humano para estar en gracia con Dios —según las estipulaciones establecidas por la iglesia—, en donde la persona exterioriza su voz en los templos, en medio de una actitud apócrifa, para que el pueblo ahí congregado —y no sólo Dios— la escuche:

"—Será que sus ruegos no llegan al cielo.

—¿Es que tenemos que gritar, padre? ¿Gritar públicamente, vestirnos de penitencia, quitarnos de comer y de beber?". [3]

Aquí, la penitencia determinada por el sacerdote, dependiendo de la magnitud de los pecados, el cumpli-

---

1 Torrente Ballester, Gonzalo. *Crónica del rey pasmado*, p. 83.
2 Ídem, p. 78.
3 Ídem, p. 21.

72

miento del ayuno, la "devoción" definida por el volumen de la voz en los templos, son rituales que la iglesia —a través de sacerdotes como el padre Villaescusa— exige a todo devoto para estar en gracia plena con Dios.

Los elementos predominantes en la novela son cotidianos y de credibilidad incuestionable, pero hay algunos aspectos mágicos dentro de la novela que podemos mencionar como muestra; tal es el caso de la desaparición del conde de la Peña Andrada —quien, por presunción colectiva, es la personificación exacta del Diablo— tras la puerta de la habitación de doña Paca de Távora, su amante de ocasión. Pero una de las más interesantes es la aparición del mismo Diablo en forma de gallo en la ventana de la habitación que pertenece al padre Rivadesella y su posterior transmutación en figura humana frente al mismo padre. El Diablo le dice al padre:

"Sólo es pecado lo que se hace como pecado". [1]

En esta sentencia se puede connotar el posible tema central sobre el cual gira la trama de la novela. En esta frase el Diablo se ubica como un personaje que ostenta cordura, mesura y justicia —en postura antitética al concepto mundano sobre esta figura—, elementos carentes —inclusive en sacerdotes como el padre Villaescusa— que son antítesis de la figura humana del sacerdote. Asimismo, es posible identificar en la obra el cuestionamiento de la "santidad" de la Santa Inquisición [2] que,

---

[1] Torrente Ballester, Gonzalo. *Crónica del rey pasmado*, p. 132.
[2] "Tribunal eclesiástico que inquiría y castigaba los delitos contra la fe católica". *Diccionario Enciclopédico Visual Color*, p. 501.

ignorando la sencilla y frágil humanidad del hombre, castiga con muerte tremenda cualquier atentado en contra de la religión, considerándolo como herejía. En los ámbitos de la conversión de indígenas, por ejemplo, se muestra todo el dolo y sadismo por parte de quienes les imponían dicha conversión:

"Tantos indios quedaban por convertir, aunque fuera a latigazos". [1]

Es posible identificar algunas propuestas del escritor para sancionar y parodiar aspectos negativos o vicios sociales. Uno de ellos es el establecimiento de una crítica severa sobre la institución eclesiástica como distorsionada autoridad para la imposición y repartición de la justicia moral en la sociedad española del siglo XVII.

Bibliografía

Torrente Ballester, Gonzalo. *Crónica del Rey Pasmado*. Editorial Planeta. España, 1989.

Samaniego, Rojas, Ohara, Alarcón. *Mundo 21*. Houghton Mifflin Company. Estados Unidos, 1997.

Diccionario Enciclopédico Visual Color. Ediciones Trébol. España, 1996.

---

[1] Torrente Ballester, Gonzalo. *Crónica del Rey Pasmado*, p. 72.

Notas sobre *La plaza del diamante*

I. Relevancia del lenguaje literario.

La obra literaria se enriquece con la destreza en el manejo del lenguaje literario por parte del escritor. Importantes son las historias que se cuentan, desde luego, las características singulares de personajes, espacios, épocas; pero mayor singularidad propone el manejo de las palabras y el dominio del lenguaje que construyen el universo único de la obra de arte.

Desde el inicio hasta el final de *La plaza del Diamante*, novela de la escritora española Mercé Rodoreda, se presenta una diversidad significativa en cuanto a la cantidad de imágenes literarias, tropos, figuras retóricas y recursos estilísticos de relevancia en relación con el tema central de la obra. Entre estas figuras es necesario destacar la anáfora, la metáfora y las imágenes neonaturalistas.

Uno de los recursos literarios más frecuentes en la obra es la anáfora, que "repite una o varias palabras al principio de frases análogas"[1] con el propósito ingenioso de enfatizar la persuasión, de fortalecer el discurso

---

[1] Montes de Oca, Francisco. *Teoría y Técnica de la Literatura*, p. 28.

narrativo, de reiterar los elementos destacados en el desdoblamiento de personajes y eventos:

"*Todo era paredes y pasillos y canutillos con japonesas. Paredes y paredes y pasillos y paredes y pasillos y yo arriba y abajo y vuelta con lo mismo y de vez en cuando entrando en alguna de las habitaciones de los niños, y otra vez arriba y abajo. Y abrir y cerrar cajones*". [1]

Es posible percibir en el ejemplo anterior la íntima relación de la figura literaria con la temática predominante en la novela: Natalia, el personaje protagónico, padece la desesperante sensación de encierro y de angustia auto-provocadas en su nuevo hogar con Antoni. La utilización reiterada de ciertos vocablos repercute en una especie de mareo, de desorientación vertiginosa, similar al que posiblemente padece la protagonista.

La metáfora es la imagen literaria por excelencia, recurrente no sólo en la poesía sino también en el texto narrativo. A través de la metáfora, el creador literario representa el objeto ordinario en la figura análoga de un elemento extraordinario. La metáfora surge "cuando se traslada el significado de un vocablo de un objeto a otro por la semejanza que tienen entre sí". [2] Una de las metáforas más singulares, de urdimbre más elaborada, dentro de los espacios de la novela es:

"*Y me dijo que no me podía imaginar qué jardín le acababa de poner dentro*". [3]

---

[1] Rodoreda, Mercé. *La plaza del Diamante*, p. 218.
[2] Rey, Juan S.J. *Preceptiva literaria*, p. 32.
[3] Rodoreda, Mercé. *La plaza del Diamante*, p. 210.

La sensación de alegría de Antoni al recibir una respuesta afirmativa por parte de Natalia es de tal grandeza que manifiesta su regocijo de manera sublime al denominarle "jardín" a su alegría.

La novela contemporánea universal —no sólo española o hispanoamericana— refleja una imperante necesidad de manifestar la situación del entorno social. Como un espejo fiel frente a la problemática, *La plaza del Diamante* muestra algunas imágenes desagradables como paralelismo indiscutible de la situación que España sufre durante la Guerra Civil (1936-1939), período de atrocidades en el ambiente político, social y económico de ese país. A este recurso estilístico, originado en la segunda mitad del siglo XIX con el nombre de naturalismo, se le denomina en este tiempo neonaturalismo y, con notable frecuencia, es posible apreciarlo en la novela de la escritora española:

"Y la había reventado y le salía un poco de tripa mezclada con sangre y por el agujerito de abajo de todo le salía el morrito de una ratita de cría". [1]

A pesar de que existe la posibilidad de reducir el impacto neonaturalista de la situación con el empleo frecuente de diminutivos —ratita, morrito, agujerito— la descripción es una imagen propia del estilo de la narrativa neonaturalista, no elemento predominante en la novela de Mercé Rodoreda, pero que aparece como un grito acorde con la situación beligerante de la España de

---

[1] Rodoreda, Mercé. *La plaza del Diamante*, p. 214.

los años treinta.

II. Como toda *buena mujer obediente*

En general, en *La plaza del Diamante* existe un reiterado propósito de crítica a la situación de la mujer en esta época de trastorno político–social para España. Esta situación social, de caos y desequilibrio, refleja también de diversas maneras el trastorno de género, la inestabilidad física y psicológica, el crítico sacudimiento que vivió la mujer española en el personaje de Natalia, quien se acerca a la pérdida de su nombre —metáfora descarada— ante el capricho de Quimet, su marido:

"*Colometa, no seas pasmada; Colometa, has hecho una tontería; Colometa, vete; Colometa, ven*". [1]

Este ataque psicológico se observa en reiterados comentarios —aun en comentarios subrepticios— de la novela:

"*Y para no armar líos me tragué la pena*". [2]

Permanecer callada ante las demandas del entorno, al igual que toda *buena mujer obediente* que continúa la tradición heredada de las madres; recurrir al mutismo, a guardar silencio de tumba, para no contrariar la decisión de su hombre, Dios la libre; asentir a todas sus demandas de modo irremediable, ya que no existe alternativa diferente que le permita alcanzar la liberación que desconoce; solidarizarse con el marido en contra de la voluntad propia, hasta el límite de tragarse los hechos que

---

[1] Castellanos, Rosario. *Mujer que sabe latín…*, p. 131.
[2] Rodoreda, Mercé. *La plaza del Diamante*, p. 131.

son materia de su disentimiento. Sin embargo, Natalia está dispuesta a disipar el mar de confusión en que navega desde hace tiempo; para ser más preciso, desde que conoce a Quimet:

"*Y fue aquel día cuando me dije que aquello se había acabado*".[1]

Se propone a sí misma un cambio radical, salir de sus raíces profundas, decide sumergirse nuevamente en la luz, terminar con esos garfios obcecados que la agobian hasta el ahogo, hasta la asfixia paulatina. Pero no sabe cómo. Sabe que quiere poner un *hasta aquí* a su patética situación de elemento pasivo, a su esencia de polvo sobre los muebles de la casa. Pero no sabe cómo. Ya la inquietud está concebida en el centro de su pecho. Natalia desea una metamorfosis, una transformación absoluta, un cambio integral. Nacer, como su nombre lo ostenta:

"*Este pensamiento me quedó dentro de la cabeza como una brasa*".[2]

La mujer está dispuesta a marcar los límites geográficos de la diferencia, tiene la voluntad; en lo más recóndito de su pensamiento delinea el nuevo rumbo de sus pasos, el alcance de sus nuevas alas. Pero no sabe cómo y, peor aún, no sabe cuándo.

Esta reiteración, este despertar a la realidad, es una especie de parte aguas para dar paso a una Natalia diferente, una Natalia cansada de ser la mujer que es. De al-

---

[1] Rodoreda, Mercé. *La plaza del Diamante*, p. 131.
[2] Ídem, p. 132.

gún modo ella tenía que iniciar, e inicia —callando aún— pero decidida a no continuar con labores ordinarias que desprecia, por ejemplo, el cuidado riguroso de las palomas ante la exigencia de Quimet.

"Y fue como si no hubiese pasado nada. Tenía que acabar". [1]

Natalia tenía que acabar con todos aquellos mandatos con los que discordaba. Esta determinación para dar paso a la Nueva Mujer le trae inestabilidad emocional ya que la rebelión es difícil de encarar, porque no sólo implica la ruptura con la tradición, sino el manejo de nuevos problemas cuya solución desconoce. La narradora desata una serie generosa de imágenes poéticas y, por momentos, antipoéticas para manifestar un temor intrínseco a la nueva actitud, a la postura sublevada:

"Como si me tirasen por dentro con un cordel, como si todavía tuviese el ombligo del nacimiento y me sacasen entera por el ombligo y con aquel estirón se me fuese todo: los ojos y las manos y las uñas y los pies y el corazón con un canal en medio de un cuajarón de sangre prieta, y los dedos de los pies que vivían como si estuviesen muertos: era igual. Todo se lo chupaba la nada otra vez, por el cordoncito del ombligo que habían hecho secar atándolo". [2]

La fusión del lenguaje estético y la crudeza del lenguaje proponen una singularidad en la obra literaria. Ahí que lo que se cuenta, en reiteradas ocasiones, pasa a segundo plano para darle el protagonismo literario a la manera extraordinaria con que se cuentan los eventos en el contexto narrativo.

---

[1] Rodoreda, Mercé. *La plaza del Diamante*, p. 133.
[2] Ídem, p. 134.

"Todo porque ya no podía más". [1]

El deseo de rebelión llega porque Natalia ya no puede continuar con semejante situación. Desde luego, es un proceso de transformación paulatina. No es un cambio repentino el que experimenta la protagonista, sino una evolución aletargada, por momentos soñolienta, que le permite alcanzar el título de Nueva Mujer.

III. La creatividad fílmica

La versión fílmica de *La plaza del Diamante* presenta una recreación del texto escrito, conservando, sí, los elementos principales e intenciones singulares de la narradora. Por lo tanto, es posible apreciar ciertas omisiones del texto escrito en la versión fílmica e inclusiones de aspectos novedosos, producto de la creatividad del cineasta.

Ejemplo de tal recreación fílmica puede ser la personalidad de Quimet en la pantalla, distinta a la del texto escrito. En la versión fílmica, Quimet aparece como un hombre con poca madurez, de pensamiento caprichoso, por momentos infantil, tal vez menos dominante que en la versión literaria, donde se delinea un Quimet al molde estereotipado del macho mexicano.

Otro ejemplo de recreación fílmica es la aparición de la Marsellesa, himno nacional de Francia, durante la marcha triunfal de los republicanos, ondeando estandartes constituidos por los colores rojo, amarillo y azul. Es-

---

[1] Rodoreda, Mercé. *La plaza del Diamante*, p. 134.

ta situación no está desplegada en la versión literaria; sin embargo, define la tendencia y aspiración política de Quimet.

Como éstos, es posible detectar otros aspectos tal vez menos importantes que son resultado de la creatividad del artista fílmico.

Bibliografía:

Rodoreda, Mercé. *La plaza del Diamante*. Editorial Pocket Edhasa. España, 1965.

Castellanos, Rosario. *Mujer que sabe latín…* Fondo de Cultura Económica. México, 1973.

Rey, Juan, S. J. *Preceptiva Literaria*. Editorial Sal Terrae. España, 1984.

Montes de Oca, Francisco. *Teoría y Técnica de la Literatura*. Editorial Porrúa. México, 1971.

¿Quién dijo Poesía?

Los espejos múltiples de Borges

Entrar en el universo literario de un escritor con el objeto de fragmentar los componentes del texto que produce, palparlos con la insolencia de la opinión subjetiva y emitir un juicio individual de acuerdo con la apreciación estética de quien entra sin permiso a una propiedad privada destinada al mundo, puede ser una aventura temeraria.

En los libros de Jorge Luis Borges (Argentina 1899–Suiza 1986) es más temeraria la aventura dada la complejidad retórica-estética de su obra. Durante el proceso deslumbrante de asimilación y escrutinio del libro de prosa y verso *El hacedor* (1960), me vi en la necesidad personal de continuar con un segundo libro de poesía, *El otro, el mismo* (1964) el cual, de igual manera que el anterior, me sedujo por su lenguaje y perfección estilística, por su limpieza en el texto y la concisión de la idea. No conforme con estos dos libros, los cuales ya habían despertado inquietudes críticas con referencia a algunos sistemas de imágenes, me vi sorprendido en las páginas poéticas de *Elogio de la sombra* (1969), el cual me convence —o me vence— para continuar con un último libro de poemas, *El oro de los tigres* (1972). Las cuatro obras son tan distintas en su propuesta poética como semejantes. Pareciera que me contradigo de contradicciones, que veo en el libro lo que no veo, que digo algo que nada dice. Habrá que leer para creer. [1]

Ya había explorado la narrativa de Borges: algunos relatos incluidos en *El Aleph* (1949) y otros en *Ficciones* (1956) formaban parte de mi experiencia como lector de autores hispanos, mis favoritos.

Sin embargo, mis intereses personales y mi práctica más recurrente en cuanto a creación literaria me condujeron a la poesía. Borges tiene, al igual que otros poetas, reincidencia en algunas palabras; es decir, elementos de uso frecuente en las páginas de los cuatro libros inicialmente mencionados, tales como sombra, noche, laberinto, espada, tiempo, luna, reflejo, sueño, entre otros elementos.

Estas reflexiones giran en torno al espejo —o a los espejos, dicho de una manera más precisa: en la obra borgiana hay espejos múltiples por disímiles. El autor encuentra diversas simbologías en la figura común del espejo.

En *El hacedor*, Borges —o dicho mejor, la voz poética— habla no del espejo en su carácter singular, sino de los espejos:

"Yo que sentí el horror de los espejos
no sólo ante el cristal impenetrable
donde acaba y empieza, inhabitable,
un imposible espacio de reflejos". [1]

---

[1] Borges, Jorge Luis. *Obras completas II*, p. 192.

Por un lado, la aversión contundente y explícita hacia la figura de los espejos, como propósito firme de negar la imagen que se devuelve. Por otro, la representación visual del reflejo —ambas palabras relacionadas por su rima consonante en casi todos los poemas incluidos en los cuatro libros—, aquella multiplicación de imágenes tangibles que habitan el espacio real, la prolongación-repetición de personas y objetos que habitan el universo. En otras palabras, el espejo es la duplicación de las entidades reales. En el mismo poema dice:

"ese rostro que mira y es mirado". [1]

El espejo es el objeto que el ser humano ve y en el que se ve. El hombre se asoma al espejo y ve el reflejo de aquél que es: se concibe como elemento concreto que le da identidad y forma en el espacio que ocupa en el universo. Aquí la definición de la identidad juega un papel prominente. ¿Quiénes somos? ¿Qué materia milagrosa nos compone? ¿Hay algo más debajo de la piel que nos ilumine dentro de la iluminación? ¿De qué manera miramos y nos miran? Una serie de interrogantes que nos asaltan después de leer el fragmento anterior. Más adelante, en el mismo poema, la voz poética dice:

"Si entre las cuatro
paredes de la alcoba hay un espejo,
ya no estoy solo. Hay otro". [2]

En esta declaración se afirma que no se está completamente solo, sino que hay alguien más en la habita-

---

[1] Borges, Jorge Luis. *Obras completas II*, p. 192.
[2] Ídem, p. 193.

ción que concede compañía. Aun con el padecimiento de la ausencia física, hay presencia, y esta presencia se denuncia en la superficie plana del espejo. Aunque al inicio de este poema se declara el "horror de los espejos", es posible observar que en el entorno físico la soledad no existe, que el reflejo devuelve la figura de aquél que acompaña nuestros pasos de manera permanente. En el espejo hay otro: la fiel repetición de un elemento real. Algo similar se presenta en otro poema, pero en éste la persona reflejada no es quien habla, sino alguien más:

"aquella otra dama del espejo". [1]

El espejo es el conducto, el canal de transportación visual, para encontrarse con la persona que se es. Tal vez, la persona que no se es. Es decir, otra. En el poema "Susana Soca", la mujer se asoma al espejo y encuentra a otra que no es, pero que tiene semejanza con aquélla que se posiciona frente al cristal de la duplicación. El espejo no sólo devuelve la imagen de la persona que se mira en él, sino que puede devolver la imagen de otra persona distinta. En otro poema, el espejo no devuelve la imagen de una persona ni de otra, sino la imagen de nadie:

"Alabada sea la infinita
urdimbre de los efectos y de las causas
que antes de mostrarme el espejo
en que no veré a nadie o veré a otro
me concede esta pura contemplación". [2]

La contemplación es un estado de observación con-

---

[1] Borges, Jorge Luis. *Obras completas II*, p. 195.
[2] Ídem, p. 217.

creta y detenida donde quien contempla aprehende los elementos visibles del objeto contemplado. El espejo también simboliza la posibilidad de que alguien que es no sea: el espejo no muestra a nadie; y si muestra a alguien, muestra a otro, a alguien distinto, a una entidad destinada a la contemplación. El estado anímico de quien contempla, su experiencia de vida, el fracaso o la decepción, pueden ser causantes de la ausencia de identidad; inclusive, ausencia de cuerpo físico. La posibilidad radica en no ser o ser otro distinto al que se contempla en el reflejo. En otro poema, Borges vuelve a la duplicación:

"*sobre esa piedra gris que se duplica*
continuamente en el borroso espejo". [1]

El espejo es la representación viva de la duplicación, la prueba fehaciente de la repetición concreta de imágenes. Aunque en ciertos textos el espejo no devuelve el reflejo de nada ni de nadie, en otros devuelve la réplica exacta de aquél que se enfrenta a su superficie. El vocablo "borroso" declara, sin embargo, que la imagen devuelta no tiene la nitidez del elemento duplicado. En otras palabras, la identidad de las cosas y las personas se ubica en un punto intermedio entre la realidad y la irrealidad, el cuerpo y el no-cuerpo. En el siguiente fragmento, la réplica es fiel y exacta:

"*¿Por qué duplicas, misterioso hermano,*
el menor movimiento de mi mano?". [2]

En el poema "Al espejo", Borges lo personifica y re-

---

[1] Borges, Jorge Luis. *Obras completas II*, p. 219.
[2] Ídem, p. 510.

incide en la duplicación del elemento real con aquel elemento delineado en el reflejo, en la repetición de rostros y movimientos. La expresión "menor movimiento" alude a la nitidez reflejada, a la duplicación absoluta de aquel elemento que se ubica frente al espejo, en este caso la mano. En el siguiente texto, la voz poética dice:

"A veces en las tardes una cara
nos mira desde el fondo de un espejo;
el arte debe ser como ese espejo
que nos revela nuestra propia cara". [1]

El espejo es también un detallado escaparate hacia otra dimensión, el cual nos permite ver con detenimiento al otro yo que nos puebla, al *alter ego*. Aunque el espejo duplica el cuerpo de manera exacta, es posible que exista diferencia en pensamiento o en acción. En este fragmento se establece una dualidad entre arte-hombre, paralelismo que —elementos, por naturaleza convergentes, pero distintos entre sí— puede mostrar la correspondencia entre un elemento y otro. Los seres humanos recurrimos al espejo con cierta frecuencia para encontrar las respuestas que desconocemos; en otras palabras, el espejo es una herramienta para conocernos y reconocernos, para construir un puente sólido de diálogo con nosotros mismos. También puede tener una función no deseada en ciertos momentos:

"En vano quiero distraerme del cuerpo
y del desvelo de un espejo incesante". [2]

---

[1] Borges, Jorge Luis. *Obras completas II*, p. 221.
[2] Ídem, p. 237.

El espejo puede ser un vigilante nocturno. En el insomnio que padece, el hombre ve al espejo sobre la pared como un constante persecutor, espía que persigue al hombre para enfrentarlo, conciencia que lo acecha como una manifestación estatuaria del *alter ego*. Mientras que puede ser una herramienta para establecer diálogo consigo mismo, otras veces puede ser compañía indeseada, no requerida, dado el estado anímico de la persona que padece insomnio. En otro poema encontramos:

"Para siempre cerraste alguna puerta
y hay un espejo que te aguarda en vano". [1]

En este fragmento, el espejo es el símbolo humano de quien aguarda el regreso de otro que nunca regresará, espacio vacío que espera la llegada de alguien que ya no es alguien, sino nadie. La ausencia de personas que antes fueron presencia, la soledad que nos queda después del despojo definitivo —llámesele ruptura, abandono o muerte— se acentúa al momento de asomarnos al espejo y ver la soledad que nos acompaña de manera permanente como una sombra detrás de nosotros. Pero ¿qué hay detrás de los espejos?:

"Como del otro lado del espejo
se entregó solitario a su complejo
destino de inventor de pesadillas". [2]

Al hacer alusión al reverso del espejo, la voz poética se refiere a la oscuridad que mancha todas las cosas con su ceguera crónica, a la soledad del individuo que es más

---

[1] Borges, Jorge Luis. *Obras completas II*, p. 257.
[2] Ídem, p. 290.

individuo que nunca, al no-reflejo que simboliza ausencia, extinción, vacío. Mientras el espejo duplica imágenes, repite elementos (aunque en dirección opuesta), el lado posterior representa la contraparte de estos conceptos. Si en algunas ocasiones, el espejo devuelve soledad, el reverso no es otra cosa más que la soledad misma, la oscuridad permanente en la que se ahoga esa soledad. En otro texto, la voz poética dice:

"Los miles de reflejos
que entre los dos crepúsculos del día
tu rostro fue dejando en los espejos
y los que irá dejando todavía". [1]

El espejo es aquí una ventana abierta a la perpetuidad, a la repetición infinita de los objetos y las personas que se reflejan en su superficie. Además, no sólo se habla de un reflejo, sino de múltiples, dada la evolución constante que dicta sobre las personas el tiempo. El transcurso paulatino de los momentos queda grabado en la superficie de los espejos. Lo avalan los rostros que permanecen en la memoria de aquél que vio el reflejo de la imagen amada. Otro texto propone:

"ese reflejo
de sueños en el sueño de otro espejo". [2]

El juego de palabras es un recurso altamente ingenioso en este fragmento. Las palabras son materia dúctil que el poeta modela para crear y recrear conceptos e ideas, pretextos para reconocerse en su impacto lingüís-

---

[1] Borges, Jorge Luis. *Obras completas II*, p. 305.
[2] Ídem, p. 308.

tico, movimientos sintácticos trazados con el propósito de presentar la singularidad del poema. El sueño es la manifestación intangible del subconsciente, la vibración temporal que se expande en el cerebro cuando el cuerpo descansa. El espejo no es sólo repetición, sino repetición de la repetición. En el espejo se muestra el reflejo del reflejo. En el siguiente fragmento, la voz poética dice:

"pueden ser reflejos
truncos de los tesoros de la sombra,
de un orbe intemporal que no se nombra
y que el día deforma en sus espejos". [1]

En el poema "El sueño", incluido en *El otro, el mismo*, se habla de los espejos del día. Aquí el espejo se emparienta con la naturaleza de la luz, la luminosidad que llega con la aparición del sol. El día nos muestra una serie de reflejos que terminan con aquéllos creados por las sombras de la noche. La noche también reúne sus espejos. El ciclo día-noche donde ésta es vencida por la luz que llega con aquél. El sueño termina asimismo con la luminosidad de los espejos que se manifiestan durante el día. Luego, en otro poema incluido en el libro *Elogio de la sombra*, dice:

"creyéndolas de un hombre, no espejos
oscuros del Espíritu". [2]

El espejo abandona su luminosidad natural para representar con su oscuridad atípica la maldad del hom-

---

[1] Borges, Jorge Luis. *Obras completas II*, p. 318.
[2] Ídem, p. 355.

bre. Se apagan los reflejos luminosos que se engendran con el día y quedan los reflejos oscuros que desembocan en la sombra. Los espejos oscuros designan conductas varias en el hombre: el recelo, la envidia, el odio, entre otros elementos relacionados con la maldad y otros vicios humanos. Los espejos oscuros existen, según la perspectiva del poeta, y éstos se relacionan con la conducta humana negativa. Más adelante, en el soneto "Ricardo Güiraldes", el poeta dice:

"Como en el puro sueño de un espejo
(tú eres la realidad, yo su reflejo)". [1]

La voz poética habla de él —de Güiraldes— al principio del poema; y luego, con él, hacia el final. De este diálogo directo entre escritor-escritor, creado dentro del texto, Borges se presenta a sí mismo como el reflejo y relaciona a Güiraldes con el espejo. En otras palabras, Jorge Luis Borges exalta a Ricardo Güiraldes como paradigma para su desempeño literario. Muchos escritores hablan en su obra literaria de aquéllos a quienes admiran, aquéllos que de alguna u otra manera han influenciado las letras del escritor cronológicamente posterior. En otro poema dice:

"En este libro estás, que es el espejo
de cada rostro que sobre él se inclina". [2]

Aquí se relaciona al lector con el libro a través del paralelismo, al lector que —al leer— encuentra en las páginas a otras personas semejantes a él. Como un espe-

---

[1] Borges, Jorge Luis. *Obras completas II*, p. 366.
[2] Ídem, p. 374.

jo, el libro presenta el rostro de aquél que lo lee. En un libro se presenta la visión individual del autor, pero es frecuente que el lector se identifique con las vivencias y visiones personales de otros. Ahí la universalidad del libro que se relaciona con el espejo. En otro poema se aprecia:

"*El ilusorio ayer es un recinto*
de figuras inmóviles de cera
o de reminiscencias literarias
que el tiempo irá perdiendo en sus espejos". [1]

Para Borges, el tiempo es una entidad llena de espejos, y cada uno de ellos, diversas etapas del pasado. En este poema, los espejos son los diversos rostros de las horas y los minutos. Acerca de ellos, es posible reflexionar en las etapas pretéritas de una vida humana. El tiempo tiene sus peldaños, sus eslabones, y en cada uno de ellos, se presentan rostros conocidos, miradas vistas alguna vez, cuerpos de personas que forman parte concreta de cierto punto en el pasado. Pero el ayer es ilusorio; poco a poco las imágenes se irán perdiendo en los espejos del tiempo. El poeta insiste en la propuesta de un libro anterior:

"*El espejo que no repite a nadie*
cuando la casa se ha quedado sola". [2]

Mientras que en algunos poemas el espejo es símbolo indiscutible de repetición, de duplicación de objetos y personas, en otros —como en el poema "Cosas" del li-

---

[1] Borges, Jorge Luis. *Obras completas II*, p. 463.
[2] Ídem, p. 481.

bro *El oro de los tigres*— el espejo es la vaciedad, la no-repetición. Cuando la casa queda sola, sin cuerpos deambulando por los espacios disponibles, el espejo no tiene a nadie que repetir. Desde luego, están los objetos, pero en este caso particular la soledad infiere la ausencia de personas, no de objetos ni de mobiliario ni de colores. ¿Qué es un espejo que no refleja a las personas? ¿Qué, uno que no refleja el movimiento? Después, en otro poema, dice:

"El espejo inventivo de los sueños". [1]

El espejo es también un espacio en el cual se refleja el mundo enigmático de los sueños, esos paréntesis nocturnos de quietud donde el cuerpo muere durante un tercio del día. En su superficie (la del espejo) se refleja el cosmos que sólo puede ser concebido en las ventanas múltiples de los sueños. El sueño se inunda con los aromas y el vaho de la irrealidad, de los objetos y las personas no tangibles que abundan en burbujas creadas por el subconsciente. El sueño es un espejo creado por el subconsciente durante la muerte momentánea del hombre. La voz poética dice en otro texto:

*"El rostro que el espejo le devuelve
guarda el aplomo que antes era suyo"*. [2]

Otra posibilidad en la simbología del espejo es una ventana de imágenes ilusorias que se le presentan al entendimiento humano. Cuando el hombre se acerca al espejo, la imagen devuelta puede ser una de tiempos pa-

---

[1] Borges, Jorge Luis. *Obras completas II*, p. 490.
[2] Ídem, p. 500.

sados, de juventud ida y de instantes mejores. El hombre ve lo que quiere ver al asomarse al espejo, pero el espejo contribuye a presentar una imagen que no es, sino que fue; ahí la ilusión creada por el pensamiento del hombre y por la ilusión temporal de los espejos. En un texto más, la voz poética dice:

"Símbolo de una noche que fue mía,
sea tu vago espejo esta elegía". [1]

La vaguedad es símbolo de vaciedad, de desocupación. El adjetivo "vago" atribuido al espejo le adjudica una relación absoluta con la vacancia, con la ausencia dentro de la memoria, con la contraparte del recuerdo; es decir, el olvido. La vaguedad del espejo es partícula diminuta de lo que ya no es, la sequedad que permanece en la quietud de una copa vacía. Aquí el espejo simboliza, no sólo lo que fue, sino lo que queda de lo que fue; es decir, la vaciedad.

En *El hacedor; El otro, el mismo; Elogio de la sombra* y *El oro de los tigres*, Jorge Luis Borges frecuenta la figura enigmática del espejo para simbolizar las múltiples connotaciones que presenta el objeto, los diversos significados que le atribuye desde su forma de entender la realidad caótica que lo circunda. Un mundo de simbolismo, de significados complejos que se concatenan con la percepción humana, sin duda, una manera efectiva de conocer más, no sólo al escritor que enaltece las letras hispanas, sino al hombre extraordinario que percibe y sien-

---

[1] Borges, Jorge Luis. *Obras completas II*, p. 513.

te lo que tantos otros hombres.

Bibliografía

Borges, Jorge Luis. *Obras completas II*. EMECÉ Editores.
España, 1996.

Estructuras temporales en *Algo sobre la muerte del Mayor Sabines*

La literatura mexicana es una de las más impresionantes de todos los tiempos. Desde las primeras manifestaciones durante los siglos de oro, México ha sido cuna de grandes escritores que han dado solidez a la literatura escrita en la *lengua de Cervantes*. En el caso concreto de la poesía, México ha procreado infinidad de voces, diversidad de tonalidades en la expresión metafórica, pero todas las propuestas en su conjunto conforman una de las literaturas más importantes del mundo: desde el poeta–dramaturgo Juan Ruiz de Alarcón, Sor Juana Inés de la Cruz, Guillermo Prieto, Manuel M. Flores, Manuel Gutiérrez Nájera, Amado Nervo y Ramón López Velarde, hasta Alfonso Reyes, Xavier Villaurrutia, José Gorostiza, Octavio Paz, Rosario Castellanos, Elsa Cross, Héctor Carreto, entre otros.

La prioridad de la creación poética es despertar la celebración estética en el interior del hombre mediante la lectura. El deleite literario, la pasión de la palabra que entra por los ojos como revelación de dioses generosos para perfumar la sangre. Sin embargo, resulta interesante ir más allá de las acepciones que presentan las palabras hasta encontrar las raíces de las cosas que nos circundan, comprender el origen del pensamiento y la metodología de la expresión, develar el motivo esencial para la existencia del texto sobre páginas impresas, asimilar la libertad de la modelación lingüística dentro del parámetro del verso; y estos descubrimientos se logran al emprender un análisis exhaustivo e interpretación individual del texto poético.

El Dr. José L. Varela–Ibarra, citando la perspectiva del crítico literario Ricardo Gullón, propone algunos elementos como piezas clave que pueden ser considerados en el análisis de textos poéticos. Entre ellos me permito mencionar el tiempo, el espacio y la distancia. Todos estos elementos, de algún modo u otro, nos acercan al propósito creativo del poeta. El Dr. Varela–Ibarra dice:

"El problema del tiempo en la literatura es, al decir de Henry James, el más difícil con que el escritor tiene que luchar. [...] No hay, de alguna forma, estructura poética que no sea estructura temporal". [1]

El tiempo es, para el poeta, lo que él quiere que el tiempo sea. Es su voluntad o su capricho durante la creación de imágenes. Es el tiempo barro dúctil que el poeta modela a su antojo creando figuras diversas y giros sintácticos originales en el proceso de creación. De esa ideología surge la potente voz del chileno Vicente Huidobro para apoyar en su "Arte poética" la idea de que:

---

[1] Varela–Ibarra, José L. *La poesía de Alfonso Cortés*, p. 75.

"El poeta es un pequeño Dios". [1]

El poeta es un creador en todas las posibles connotaciones de la palabra. Todos los elementos de que se vale son reconstruidos una y otra vez para crear los sustantivos increados, para proponer los verbos que no se hallan en las páginas de diccionarios, para rehacer las acciones apenas deshechas. En ocasiones, el tiempo es más que tiempo: es destiempo, contratiempo, conductas atemporales. Es el tiempo, además del conjunto de elementos mencionados antes, un verdadero pretexto para iniciar el proceso creativo; puede ser un vocablo lúdico para esos pequeños dioses que menciona Huidobro, como el poeta mexicano Renato Leduc:

"Sabia virtud de conocer el tiempo;
a tiempo amar y desatarse a tiempo;
como dice el refrán: dar tiempo al tiempo
que de amor y dolor alivia el tiempo". [2]

Considero interesante explorar la estructura temporal en el libro *Algo Sobre la Muerte del Mayor Sabines* (1973) del escritor mexicano acaecido en fechas recientes, Jaime Sabines (n. en Tuxtla Gutiérrez, Chis., 1925–1999), en estrecha relación con el tema: la muerte del padre. Es notorio que cada pieza poética —es decir, cada poema— se ubica dentro de un ciclo, inmerso en el flujo de un ambiente temporal; pero el propósito que me mueve a realizar este comentario es el análisis de la palabra que nos ocupa en el discurso poético de Sabines.

---

[1] Montes de Oca, Francisco. *Poesía Hispanoamericana*, p. 293.
[2] Garza Ramírez, María Estela. *Español 3*, p. 35.

Para Jaime Sabines el acontecimiento pretérito es un golpe *"como del odio de Dios"*,[1] del cual pretende atenuar su grave impacto en la psiquis mediante la aseveración futura del autoconsuelo. Para el poeta, el hecho de asirse a la esperanza de reivindicación es medicamento para su presente dolor. Y de esta forma el poeta chiapaneco lo manifiesta en el poema VIII:

"No podrás morir.
Debajo de la tierra
no podrás morir". [2]

El futuro es una interrogante eterna ante aquello que le resulta desconocido, aquello que es ignorado dado su carácter metafísico. En el poema anterior, la reiteración del estribillo a lo largo del poema es una vinculación psicológica intrínseca para alcanzar el estuario emocional de la asimilación, la humedad apacible del asentamiento, de la aceptación de acontecimientos dolorosos que impactan al individuo. El tiempo pasa y si el hombre no ha conseguido las respuestas que busca, el tesón le concederá la oportunidad de alcanzar sus propósitos. Lo importante es no ceder en el intento. Cede el día, cede el perdedor, pero nunca aquél que busca el triunfo por encima y debajo de las cosas con el objeto de conseguir los propósitos que ambiciona. El poeta aún espera continuar la comunicación con el ser acaecido al decir:

"¿Será posible que abras los ojos y nos veas ahora?
¿Podrás oírnos?

---

[1] Vallejo, César. *Los Heraldos Negros*, p. 9
[2] Sabines, Jaime. *Recogiendo Poemas*, p. 58

102

¿Podrás sacar tus manos un momento?". [1]

Vincularse a la idea de continuidad es una forma de aligerarse del dolor intenso de la muerte. Saber que existe una posibilidad para el resplandor después de la muerte es un pensamiento que alimenta esa capacidad reflexiva para atenuar el dolor, para sentir menos soledad, menos amargura y abandono. La consistencia humana del individuo le exige una búsqueda de soluciones para evadir la dolencia natural que queda como herencia frente al despojo de aquellos elementos que se poseían. En el poema II de la segunda parte, Sabines aborda la estructura temporal que reserva o depara un suceso determinante en la vida:

"¡Si sólo se pudiera decir: 'papá, cebolla,
polvo, cansancio, nada, nada, nada'!
¡Si con un trago te tragara!". [2]

El transcurso del tiempo hace presentir al hombre las eventualidades que están por venir, los acontecimientos que están por sacudir el interior del hombre mismo. Es decir, el transcurso del tiempo le permite al hombre vislumbrar las metas que puede alcanzar mediante el esfuerzo, las acciones que deben efectuarse o, en palabras de mayor simpleza, asumir los sucesos inevitables.

El tiempo transcurre, sigue su camino dentro y fuera de los relojes, sin detenerse para observar intereses personales. El tiempo carece de compasión hacia los seres humanos y no regresa para enmendar o corregir eventos

---

[1] Sabines, Jaime. *Recogiendo Poemas*, p. 62
[2] Ídem, p. 64

lamentables. Los acontecimientos —como la muerte, por ejemplo— no son situaciones que puedan enmendarse, dada su naturaleza. En el poema IX de la primera parte es posible comprobar la vaciedad que entrega ese estado natural:

"Te fuiste a no sé dónde.
Te espera tu cuarto.
Mi mamá, Juan y Jorge
te estamos esperando". [1]

Vivir atado al transcurso del tiempo. Estar limitado o regido por un par de manecillas es —para el poeta— la eventualidad más triste. ¿Es el reloj el tiempo? Pero la marcha del tiempo es imparable —a veces se detiene por instantes, pero sólo a veces, dependiendo del estado anímico, del entorno existencial— y a cada momento morirá una fe, morirá una acción. A todos nos alcanza el rigor extremo del fin del tiempo.

Hay elementos cotidianos que padecen el castigo de la mismidad a través del tiempo, sólo etiquetados con distinta fecha: el mismo mar, el mismo cielo, las mismas sombras y *"los mismos poetas".* [2] Los meses, las décadas, en ocasiones los siglos, no logran cumplir la metamorfosis de algunas cosas, la asimilación de los acontecimientos que giran alrededor de los individuos, la reconciliación de elementos agrietados, la resignación del hombre —como en este caso particular— y Sabines lo pregona en el poema V de la primera parte:

[1] Sabines, Jaime. *Recogiendo Poemas*, p. 59
[2] León Felipe. *Nueva antología rota*, p. 23.

"Desde hace tres meses, esperando". [1]

"Esperando" aquello que no cambia, las situaciones que no evolucionan a pesar del flagelo de los meses, a pesar de la evasión de los siglos. Un tiempo perpetuo, un mecanismo interminable detrás del pecho, lapso eterno entre dos puntos que no terminan de complementarse nunca: el tiempo que desconoce final para algunos elementos. A veces no hay tiempo que valga, no hay momentos que remedien la problemática del hombre. Es un tiempo que existe sin existir en el tiempo. En el poema I de la primera parte es posible confirmar lo expuesto antes:

"para poder recordar estos días,
los más largos del tiempo". [2]

En estos versos el poeta padece la infinitud del tiempo. El tiempo no se agota cuando hay padecimiento. Aquellas acciones que no se realizaron en cierto momento quedarán pospuestas para siempre en calidad de irrealizadas, con la etiqueta dolorosa de lo nunca–germinado. Todo lo que ha de ocurrir, ocurrirá. El hombre siempre llega al momento de la caducidad corporal, pero cuando la pérdida de la persona amada está interpuesta, el tiempo no parece tener fin. En el poema VI de la primera parte, el vocablo *"ayer"* es reiteración del pretérito inevitable:

"Te enterramos ayer.
Ayer te enterramos.

---

[1] Sabines, Jaime. *Recogiendo Poemas*, p. 56.
[2] Ídem, p. 53.

Te echamos tierra ayer.
Quedaste en la tierra ayer". [1]

El tiempo desespera en ciertas ocasiones, hunde a la persona en el caos de los laberintos inexplicables. El tiempo perdido —bien puede considerársele la causa— casi siempre postra al hombre en el lamento —el doloroso efecto— y la voz poética lamenta de algún modo haber perdido el tiempo hace tiempo. En ocasiones, el hombre se detiene a contemplar las constantes fundamentales en su vida cotidiana y llega a la conclusión de que su fugacidad en la tierra es lamentable. En el poema I de la primera parte es notorio:

"Nos echamos a andar y no paramos
de andar jamás, después de medianoche". [2]

Existe cansancio, desgano que invade los ángulos del cuerpo y que arrojan a los brazos de la parsimonia. El poeta lamenta no detenerse cuando el tiempo le exige un alto en su camino. Los espacios que lo invaden le exigen lamentarse por aquellas acciones que no tienen posibilidad de enmienda. El tiempo es un laberinto inexplicable, sombra que se desplaza en universos cotidianos sin detenerse a conversar de forma amable con los vivos. Entonces la desesperación llega sin invitársele al diálogo con el objetivo de postrar al hombre en confusión:

"¡Qué tiempo este, maldito,
que revuelve las horas y los años". [3]

---

[1] Sabines, Jaime. *Recogiendo Poemas*, p. 57.
[2] Ídem, p. 53.
[3] Ídem, p. 60.

Hablar sobre estructura temporal ha sido tarea y compromiso de grandes poetas de todos los tiempos. Sin embargo, es tan grande el universo, tan maravillosa y única la creatividad del hombre, que pueden pasar los siglos y siempre habrá alguien que maneje el concepto "tiempo" desde diversos planos. Siempre habrá un tiempo sin tiempo; siempre habrá en el tiempo poetas sin tiempo.

Bibliografía

Sabines, Jaime. *Recogiendo Poemas*. Ediciones Zarebska. México 1997.

Sabines, Jaime. *Antología Poética*. Fondo de Cultura Económica. Segunda reimpresión 1997.

Varela–Ibarra, José L. *La poesía de Alfonso Cortés*. Universidad Autónoma de Nicaragua.

Garza Ramírez, María Estela, et al. *Español 3*. Editorial Santillana. México, 1998.

Camino, León Felipe. *Nueva antología rota*. Editores Mexicanos Unidos, S.A. Primera edición 1983.

Montes de Oca, Francisco. *Poesía Hispanoamericana*. Editorial Porrúa, S.A. Segunda edición 1991.

Montes de Oca, Francisco. *Poesía Mexicana*. Ed. Porrúa, S. A. Sexta edición 1995.

Vallejo, César. *Los Heraldos Negros*. Editorial Losada, S. A. Novena edición 1990.

LA IRA COMO RECURSO EXPRESIVO EN LA POESÍA DE JAIME SABINES: EXECRACIÓN E IMPRECACIÓN

Elemento fundamental en la poesía de todos los tiempos es la emotividad. Más que la imaginación y fantasía del hombre, más que el mundo creado —producto de la irrealidad y la inventiva—, la experiencia humana permite a la obra la gestación del condimento que sacude las moléculas de la empatía y el estremecimiento de quien busca el placer estético en las líneas de un poema.

Muchos poetas han sabido complementar los elementos fundamentales, combinar de manera inseparable los conceptos poesía y emotividad; pero en el poeta mexicano Jaime Sabines estos elementos cobran una dimensión singular, se produce una fórmula extraordinaria donde la propuesta estética surge desde el núcleo de manifestaciones emocionales con diversos enfoques, perspectivas, colores y matices. El impacto de un considerable número de sus poemas radica en la expresión de una manifestación expresiva que se desborda en la conducta del ser humano: la ira, esa explosión repentina y estruendosa que traduce con fidelidad el estado anímico.

La execración y la imprecación —o maldición— son figuras retóricas del pensamiento de carácter patético, vituperios, reprobaciones de quien las lanza. En la primera, quien habla *"desea que le sobrevengan males a sí mismo"*, [1] una forma de flagelarse a través de la palabra, de castigarse a sí mismo como consecuencia de la desesperación o el padecimiento. La segunda figura consiste en proferir *"males para sus semejantes"*, [2] es decir, el mal se desea para una segunda o tercera persona. Éstos son recursos estilísticos que logran la creación de un sistema estilístico y el poeta los utiliza para destacar la ira que le corrompe el juicio en momentos de dolor o de penuria. El poeta dice en su poema "Lento, amargo animal":

"—maldita y arruinada soledad
sin uno mismo—" [3]

La maldición no sólo recae en la figura humana. El poeta maldice a la soledad que lo acosa en una especie de círculo concéntrico y del cual no puede salir por más que su intento sea mayúsculo. La desesperación humana que invade a quien habla —expresada por la palabra *maldita*, esa angustia como consecuencia del encierro en sí mismo— provoca una especie de explosión que estriba en la maldición. La ira conduce a la agresividad, aun contra el lector desconocido, quien es maldecido al leer:

"(Me avergüenzo de mí hasta los pelos
por tratar de escribir estas cosas.
¡Maldito el que crea que esto es un poema!)". [4]

---

[1] Montes de Oca, Francisco. *Teoría y técnica de la literatura,* p. 44.
[2] Ídem, p. 45.
[3] Sabines, Jaime. *Antología Poética,* p. 19.
[4] Ídem, p. 357.

La ira conduce con cierta frecuencia a la confusión interna, la rabia que procede a la separación temporal entre el ser humano y la propia identidad, provocando el acto de maldecir a diestra y siniestra, a imprecar contra el semejante, incluyendo al tiempo, personificado en el siguiente poema con la tentativa de lograr mayor efectividad en el proceso de la maldición:

"¡Qué tiempo este, maldito,
que revuelve las horas y los años,
el sueño y la conciencia,
el ojo abierto y el morir despacito!". [1]

La expresión popular de disgusto —tal vez con ligera reminiscencia de interjección— *"carajo"*, traduce el estado anímico del poeta ante su situación de cansancio, ya sea físico o psicológico; y es el cansancio uno de los detonantes más frecuentes para el lanzamiento de improperios y frases relacionadas con la imprecación. Por otra parte, la efectividad expresiva —aun con asomo a las expresiones populares o altisonantes— de la execración puede observarse cuando el poeta dice:

"¡Carajo! Estoy cansado. Necesito
morirme siquiera una semana". [2]

El poeta deja entrever cierta característica estereotipada en el hombre macho, muy común en el hombre hispanoamericano, cuando agrede de manera psicológica a la pareja. La tentativa de imprecación en la siguiente expresión viene a desembocar en el humorismo, de tal

[1] Sabines, Jaime. *Antología Poética*, p. 363.
[2] Ídem, p. 225.

modo que el enojo machista del poeta se convierte en paradigma humorístico del lenguaje popular:

"Hay un modo de que me hagas completamente feliz, amor mío: muérete". [1]

Desde luego, como se ha dicho antes, aquí la imprecación carece de autenticidad. El poeta, en realidad, no desea la muerte —extinción de vida, en el sentido estricto de la palabra— para su pareja, sino que *"muérete"* tiene una connotación distinta a la idea concreta que el término denota; es una expresión en sentido figurado.

La ira del poeta que padece la incredibilidad de su entorno, su rabia y su inconformidad con el medio que lo circunda, se manifiesta en imágenes que algunas veces dejan entrever una visión desagradable de la vida; una perspectiva, digamos, antipoética de la vida. Los vocablos *"mierda"*, *"jotos"*, *"vísceras"*, *"jijos"*, entre otros, logran desplegar una postura que —para la voz poética— converge en el tremendismo de la vida, característica, sin duda, antipoética; y de esta manera surge la inconformidad humana caracterizada por el enojo, manchada por la rabia que sacude los labios de quien habla en el poema, quien lleva el escozor de la ira a sus extremos mediante la siguiente enumeración caótica, efectivo recurso de explosión anímica:

"Digo puñales, carretón de cabezas de res, bodegas de vísceras, peroles de sangre, restauranteros de etiqueta, borrachos, damas elegantes de cauteloso menstruar, solitarios, ríos de mierda bor-

---

[1] Sabines, Jaime. *Antología Poética*, p. 205.

deando la ciudad, bardas infinitas entre los árboles y la neblina, panteones desahuciados por los reverendos gachupines curas jijos, catedrales del rábano, periféricos, tianguis de pintores, antología de jotos malditos bilinguados..." [1]

El padecimiento físico es también detonante de ansiedad y exasperación; y ese dolor empuja a la persona a proferir frases o expresiones que contribuyen de manera significativa a atenuar el impacto natural de los padecimientos; la rabia del poeta se asoma, cubierta de espinas y no de pétalos, a la intemperie blanca del papel, se concentra en la vibrante expresión *"¿Qué putas...?"* —tal vez menos altisonante en el sur de México dado su uso frecuente, si se le compara con su connotación en el norte— como se muestra en el siguiente poema:

"¿Qué putas puedo hacer con mi rodilla,
con mi pierna tan larga y tan flaca,
con mis brazos, con mi lengua,
con mis flacos ojos?". [2]

El enojo que se manifiesta en la expresión anterior connota, entre otras diversas posturas, cierta desesperanza de mejoramiento, de posible solución a la problemática. Ahí la recurrencia al término exacto de la exasperación. En el mismo poema, más adelante, existe el bipartismo del "yo" y el "tú" que asevera la confianza para vomitar la rabia mediante el uso de la misma expresión:

"¿Qué putas puedo hacer, Tarumba,

---

[1] Sabines, Jaime. *Antología Poética*, p. 234.
[2] Ídem, p. 150.

si no soy santo, ni héroe, ni bandido,
ni adorador del arte,
ni boticario,
ni rebelde?". [1]

Por lo general, la altisonancia es cuestionada con severidad, aunque se le utilice como recurso poético; pero en Sabines se consuma —y se consume— como efectiva herramienta para la traducción fiel y exacta de cierto estado anímico, para la manifestación de tendencias concretas caracterizadas por el realismo que las distingue en ciertos grupos sociales. El folclore, el lenguaje popular, las formas del lenguaje propias del pueblo, también pueden traducirse en poesía con la finalidad de despertar la posible reflexión en el lector y agregar cierto condimento humorístico:

"Hay dos clases de poetas modernos: aquellos, sutiles y profundos, que adivinan la esencia de las cosas (…) y aquellos que se tropiezan con una piedra y dicen: pinche piedra". [2]

En sus acepciones de frustración o de fastidio o de amenaza, la expresión mexicanísima del verbo *"chingar"*, abordada de manera meticulosa por los escritores Octavio Paz [3] y Carlos Fuentes [4] en su ensayo y en su novela, respectivamente, aparece con la finalidad de expulsar la ira que corrompe las paredes internas de quien habla en el poema, frente a la inminencia de la muerte y su pro-

[1] Sabines, Jaime. *Antología Poética*, p. 150.
[2] Ídem, p. 271.
[3] Paz, Octavio. *El laberinto de la soledad*, "los Hijos de la Malinche", p. 81.
[4] Fuentes, Carlos. *La Muerte de Artemio Cruz*, p. 143.

tocolo de homenaje al hombre ilustre:

"(¡No me vayan a hacer a mí esa cosa
de los Hombres Ilustres, con una chingada!)". [1]

Otra connotación de *"chingar"* puede ser el de separar lejos, el de arrojar a la distancia aquel hecho lastimoso que incomoda e inquieta, el de mandar a la *"chingada"* las *"lágrimas"* y la *"muerte"* que lo acosan tras la muerte del Mayor Sabines. Esta situación de imprecación se manifiesta en los siguientes versos donde el poeta decide terminar con un intenso padecimiento, obligándose a sí mismo a mantenerse incólume ante el dolor:

"¡A la chingada las lágrimas!, dije (…) ¡A la chingada la
muerte!, dije". [2]

En el siguiente fragmento poético la connotación de *"chingar"* es similar a la anterior. Sin embargo, en este poema destaca la ironía para calificar al cáncer que padece el Mayor Sabines: el cáncer es *"el Señor Pendejo"*; y es ahí donde radica la impotencia implícita, la rabia aquí arrojada en una especie de postura moderada, la rabia que desemboca en la altisonancia para calificar el cruel motivo del dolor filial:

"Mi padre tiene el ganglio más hermoso del cáncer
en la raíz del cuello, sobre la subclavia,
tubérculo del bueno de Dios,
ampolleta de la buena muerte,
y yo mando a la chingada a todos los soles del mundo.
El Señor Cáncer, El Señor Pendejo,

---

[1] Sabines, Jaime. *Antología Poética*, p. 327.
[2] Ídem, p. 355.

es sólo un instrumento en las manos obscuras
de los dulces personajes que hacen la vida". [1]

Mediante esta aproximación ensayística es posible conocer a un Sabines colérico, violento en abundantes ocasiones, explosivo —nunca implosivo; las implosiones transfiguran la geografía del alma—, fragmentado hacia el exterior en minipartículas mediante expresiones cargadas de ira como manifestación humana. El poeta suave, carente de retórica revestida de oquedad y vocablos presuntuosos, pero nunca de expresión llana y convencional, toma otro rumbo; el poeta de imágenes poderosas y efectos de sonoridad mediante el uso de estribillos, anáforas y otras figuras literarias relevantes, estriba en la explosividad de carácter; un Jaime Sabines temperamental, un poeta con arraigada voz de protesta, nunca vulgar aun en postura paralela al uso de palabras denominadas altisonantes, las cuales —en él— portan un indescriptible efecto de identificación folclórica, correspondencia y sabrosura fonética, porque no son palabras producto de la improvisación ni la arbitrariedad, sino de premeditada intención y funcionalidad.

Bibliografía

Sabines, Jaime. *Antología Poética*. Fondo de Cultura Económica, Colección Tierra Firme. México, 1995.

Sabines, Jaime. *Recogiendo Poemas*. Ediciones Zarebska.

---

[1] Sabines, Jaime. *Antología Poética*, p. 356.

México, 1997.

Guillón Barrett, Yvonne. *Versificación Española*. Compañía General de Ediciones. México, 1976.

Paz, Octavio. *El laberinto de la soledad*. Fondo de Cultura Económica. México, 1996.

Fuentes, Carlos. *La muerte de Artemio Cruz*. Fondo de Cultura Económica. México, 1985.

EL TIEMPO EN LA POESÍA DE RAFAEL ALBERTI

Entre las literaturas en diversos idiomas, la española es una de las más singulares y generosas que ha recibido la humanidad. Desde las primeras manifestaciones del castellano ya como lengua durante la Edad media, España ha sido cuna de grandes escritores que le han heredado solidez a la literatura escrita en la *lengua de Cervantes*. En el caso concreto de la poesía, España cuenta con una destacada cantidad de voces, diversidad de tonalidades y temáticas, pero en conjunto conforman una de las literaturas más importantes del mundo: desde Garcilaso de la Vega, Francisco de Quevedo, Luis de Góngora y Argote, Gustavo A. Bécquer, hasta los más representativos del siglo veinte como Antonio Machado, Juan Ramón Jiménez, Federico García Lorca, Rafael Alberti, entre otros.

Es de reconocer —lo he dicho en reiteradas ocasiones en otros textos ensayísticos— que el afán prioritario de la poesía es despertar placer estético en el ser humano mediante su lectura. El propósito fundamental de la poesía es el deleite literario, la pasión de la palabra que entra por los ojos para perfumar la sangre. Sin embargo, resulta interesante ir más allá de la palabra para encontrar la raíz que detona la creación de la pieza artística, el motivo del autor para darle forma al poema, la libertad para el desplazamiento humano dentro del parámetro del verso; y esto se logra al emprender un análisis e interpretación del texto poético.

También he dicho que el Dr. José L. Varela–Ibarra, citando la perspectiva del crítico literario Ricardo Gullón, propone algunos elementos clave que pueden ser considerados para el análisis de textos poéticos. Entre ellos me permito mencionar el tiempo, el espacio y la distancia. Todos estos elementos, de algún modo u otro, nos acercan al propósito que se desencadena de la pluma del poeta. El Dr. Varela–Ibarra dice:

"El problema del tiempo en la literatura es, al decir de Henry James, el más difícil con que el escritor tiene que luchar. […] No hay, de alguna forma, estructura poética que no sea estructura temporal". [1]

El tiempo es, para el poeta, lo que él quiere que el tiempo sea. Es su voluntad o su capricho durante la creación de imágenes. Es el tiempo como barro que el poeta modela a su antojo creando figuras diversas y giros sintácticos originales. De esa ideología surge la potente voz del chileno Vicente Huidobro para apoyar en su "Arte poética" la idea de que *"El poeta es un pequeño Dios".* [2]

El poeta es creador de la palabra, orfebre devoto cuando se trata de encontrar sonidos y giros increados.

---

[1] Varela–Ibarra, José L. *La poesía de Alfonso Cortés*, p. 75.
[2] Montes de Oca, Francisco. *Poesía Hispanoamericana*, p. 293.

Todos los elementos de que se vale son reconstruidos una y otra vez para crear lo increado, para rehacer lo deshecho. En ocasiones, el tiempo es más que tiempo: es destiempo, contratiempo, elementos atemporales. Es el tiempo, además, un verdadero pretexto, un vocablo lúdico para pequeños dioses como el poeta mexicano Renato Leduc:

"Sabia virtud de conocer el tiempo;
a tiempo amar y desatarse a tiempo;
como dice el refrán: *dar tiempo al tiempo*
que de amor y dolor alivia el tiempo". [1]

Considero interesante explorar el manejo del tiempo en la poesía de uno de los exponentes más sólidos de la Generación del 27 acaecido en fechas recientes, Rafael Alberti (n. en Cádiz, 1902–1999). El enfoque de este análisis es sobre el manejo del vocablo "tiempo" y sus múltiples variantes: siempre, nunca, hoy, ahora, a veces, miércoles, siglos, etc. Es notorio que cada pieza poética —es decir, poema— se ubica dentro de un ciclo, en un ambiente temporal específico; pero la intención personal es el análisis de la palabra que nos ocupa en el marco poético albertiano.

Para Rafael Alberti, lo que no fue en tiempos pretéritos será factible en tiempos futuros; las cosas que no tuvieron consistencia en el pasado la tendrán en el futuro. De esta forma lo manifiesta en el poema "Marinero en tierra", poema 8:

---

[1] Garza Ramírez, María Estela. *Español 3*, p. 35.

"Pirata de mar y cielo,
si no fui ya, lo seré.
Si no robé la aurora de los mares,
si no la robé,
ya la robaré". [1]

El tiempo pasa y si el hombre no ha conseguido lo que busca, el tesón le dará el triunfo. Lo importante es no declinar vez alguna, no ceder en el esfuerzo para culminar los propósitos. Declina el día, declina el perdedor, pero nunca aquél que busca el triunfo por encima y debajo de las cosas con el objeto de conseguir lo que ambiciona. En el mismo poema —apartado 29—, Alberti aborda la perspectiva del tiempo que reserva o depara un suceso determinante en la vida:

"Si mi voz muriera en tierra,
llevadla al nivel del mar
y dejadla en la ribera". [2]

El transcurso del tiempo hace presentir al hombre lo que está por venir. Es decir, el transcurso del tiempo permite al hombre vislumbrar las metas que puede alcanzar, los momentos cuya realización debe efectuarse o, en palabras más sencillas, asumir lo inevitable. El tiempo transcurre sin detenerse para observar intereses personales, el tiempo carece de compasión y no regresa para enmendar errores. En el poema "Cita triste de Charlot" se comprueba:

"Lo más triste, caballero, un reloj;

---

[1] Alberti, Rafael. *Antología poética*, p. 19.
[2] Ídem, p. 19.

las 11, las 12, la 1, las 2.
A las tres en punto morirá un transeúnte". [1]

Vivir atado al transcurso del tiempo. Estar limitado o regido por un par de manecillas es —para la voz poética— el acontecimiento más entristecedor. ¿Es el reloj el tiempo? También he dicho en reiteradas ocasiones que la marcha del tiempo es imparable y a cada momento morirá una fe, morirá una acción arbitraria, porque a todos nos alcanza el rigor extremo del fin del tiempo. Los años no logran cumplir la metamorfosis de algunas cosas y Alberti lo pregona en "Invitación al aire":

"Te invito, sombra, al aire.
Sombra de veinte siglos,
a la verdad del aire,
del aire, aire, aire". [2]

Sombra de veinte siglos, aquella circunstancia vivencial que no cambia su estado a pesar del flagelo implacable de los años ni la invasión aplastante de los siglos. En otras palabras, se habla aquí de un tiempo perpetuo en los calendarios, un ciclo interminable dentro de la experiencia humana, lapso eterno entre dos puntos que no terminan de encontrarse nunca: el tiempo que desconoce final para algunos elementos. En ocasiones no hay tiempo que valga, un tiempo que remedie la problemática existencial del hombre. Es un tiempo que existe sin existir, un tiempo que habla en los relojes, pero que no habla de frente, sin máscaras ni parpadeos. En "El toro

[1] Alberti, Rafael. *Antología poética*, p. 99.
[2] Ídem, p. 116.

de la muerte" es posible confirmar la situación apenas mencionada:

"No hay reloj,

no hay ya tiempo,

no existe ya reloj que quiera darme tiempo a salir

de la muerte". [1]

En estos versos, Alberti se hunde en una postura lúdica con las diversas connotaciones que puede sugerir el vocablo tiempo. El tiempo se agota cuando la persona se acerca a las sombras de la muerte, se extingue como luz, se disipa como suspiro apenas creado; y las acciones que no se realizaron en un momento dado quedarán pospuestas para siempre en calidad de irrealizadas, en condición de nunca–germinadas. Todos los eventos que habrán de ocurrir ocurrirán. El hombre siempre llega al momento de caducidad corporal. Sin embargo, el tiempo es benévolo en ciertos momentos de la vida. Cuando la juventud es un resplandor poderoso en el ser humano, el entorno se percibe con plenitud absoluta, se observa desde otra perspectiva más positiva:

"Esta mañana, amor, tenemos veinte años". [2]

La edad es consecuencia del tiempo, se presenta siempre acompañada del tiempo. Una edad temprana es símbolo de vigor, potencia, de dominio y control. La sexualidad es de mayor frecuencia y rendimiento cuando la voz poética presenta el verso anterior. Aquí la juventud es amiga del tiempo, amante del tiempo, pero éste es

---

[1] Alberti, Rafael. *Antología poética*, p. 164.

[2] Ídem, p. 300.

eterno mientras que aquélla no lo es. El tiempo le arrebatará algún día lo que hoy le entrega. En "La soledad", poema compuesto de tres momentos en lenguaje cotidiano —pero no menos bello que el retórico—, el poeta presenta tres fases o manifestaciones del tiempo a manera de monólogo interior. De la primera, se extrae el siguiente fragmento:

"*Vendrá.*

Vendrá.

Lo ha escrito.

La semana que viene". [1]

Para el poeta, el tiempo crea en él confianza en que los eventos se desarrollarán, certeza de que las cosas ocurrirán, el desdoblamiento de acciones realizables, el devenir. Aunque apenas una semana falta para reunirse con aquélla a quien ama —lo cual podría despertar impaciencia y arrebato—, el tiempo transcurrirá con la certeza de que se cumplirán los eventos prometidos. Más adelante, en la misma parte del poema, puede apreciarse esa invariabilidad que la seguridad en sí mismo le proporciona:

"*Todo está preparado.*

Vendrá. Pienso que el martes…

si no, a lo más tardar,

la mañana del miércoles…

o quizás en la noche…" [2]

En determinado momento, los puntos suspensivos

---

[1] Alberti, Rafael. *Antología poética*, p. 323.

[2] Ídem, p. 123.

pueden connotar cierta inseguridad o improbabilidad: titubeo, reticencia. Pero, por otra parte, sugieren también ansiedad para que se cumpla lo esperado, impaciencia para encontrarse con quien espera. En la segunda parte del mismo poema (escena II), aquello que se esperaba con la certeza de su carácter realizable parece no cumplirse:

"*Hoy es miércoles ya…*" [1]

El poeta empieza a dudar de aquello que fue certeza. Aquella seguridad temprana empieza a declinar cuando el plazo predeterminado se cumple y aún no se encuentra aquello que se espera. Cierta melancolía empieza a deslizarse por las letras de los vocablos "hoy", "ya". Y en la escena III del poema, empieza un conteo regresivo del tiempo. Todo a partir del miércoles es motivo de posibilidad. Más bien, desesperanza que refleja reminiscencias de lo que fue certeza:

"*¿Vendrá?*
Puede que venga". [2]

El tiempo y la distancia son elementos heterogéneos en un poema. Mas *el pequeño dios* se atreve a atisbar en ambos y encuentra que en ciertos momentos sus componentes se relacionan entre sí de manera absoluta. Por ejemplo, en el poema "Tú hiciste aquella obra" puede constatarse lo recién afirmado:

"*Pero cuando después,*
a casi veinte años de distancia,

---

[1] Alberti, Rafael. *Antología poética*, p. 123.
[2] Ídem, p. 123.

124

fue tocado aquel toro,

el mismo que arremete por tus venas,

bajaste sin que nadie lo ordenara

a la mitad del ruedo,

al centro ensangrentado de la arena de España". [1]

Con una aparente manifestación antitética, el concepto "distancia" equivale a "tiempo". El tiempo nos puede sugerir —como, por ejemplo, en este caso— ambivalencia entre kilómetro y tiempo, entre afecto y tiempo. Sin embargo, en este poema se habla de una distancia afectiva interpuesta entre dos puntos.

El tiempo es detonante de desesperación en ciertas ocasiones, origen de ansiedad y desequilibrio entre las personas. El tiempo perdido es casi siempre causa de lamento y el poeta lamenta haber perdido el tiempo hace tiempo. En el poema "Así como sueña" es notorio:

"La nieve sin tal vez puede ser buena para remontar los años.

[...]

El puto tiempo, ah, niños perdidos". [2]

Existe cansancio —ah— de pensar en las mismas cosas, de padecer los mismos padecimientos. El poeta lamenta no haber vivido a plenitud momentos pretéritos. Los espacios que invaden su pensamiento le exigen culparse por aquellas situaciones que son imposibles de enmienda. El tiempo es un ladrón impío, transcurre sin detenerse para entablar conversaciones con los vivos. La agresión al tiempo muestra ese enfado hacia lo que pudo

---

[1] Alberti, Rafael. *Antología poética*, p. 336.
[2] Ídem, p. 349.

ser pero que no fue.

Hablar sobre el tiempo ha sido afición de muchos poetas de todos los tiempos. Pero es tan grande el universo, tan maravillosa y única la creatividad del hombre, que pueden pasar los siglos y siempre habrá alguien que maneje el concepto tiempo desde diversos planos. Siempre habrá un tiempo sin tiempo. Siempre habrá en el tiempo poetas sin tiempo.

Bibliografía:

Alberti, Rafael. *Antología Poética*. Losada, S.A. Primera reimpresión 1998.

Varela–Ibarra, José L. *La poesía de Alfonso Cortés*. Universidad Autónoma de Nicaragua.

Garza Ramírez, María Estela, et al. *Español 3*. Editorial Santillana. México, 1998.

Camino, León Felipe. *Nueva antología rota*. Editores Mexicanos Unidos, S.A. Primera edición, 1983.

LA DISTANCIA EN LA POÉTICA DE GARCÍA LORCA

La poesía de Federico García Lorca (1898–1936) tiene su origen en la tradición del arte popular, sus raíces en la esencia gitana. La tradición española en su máxima expresión es la columna inamovible que sostiene una obra poética caracterizada por la unicidad, la frescura, la brillantez y la profundidad, a través de la cual el gran genio de la pluma que canta y baila, refleja un auténtico amor por esa tierra de cuyas entrañas surge para coger estrellas, un amor fraterno por esa gente que, al intentar callarlo, lo inmortaliza en los espacios de la voz poética.

En la poesía de García Lorca se aprecian elementos que aparecen con frecuencia premeditada —de ninguna manera, arbitraria— los cuales crean dentro del discurso poético un sistema rico y propicio para el análisis poético: el mar, la luna, la muerte, el gitano, el tiempo (abordado con frecuencia en horas específicas), entre otros. De cada elemento que se menciona aquí, los poetas presentes —y todos aquéllos que están por venir— podrían crear suficientes obras, heterogéneas entre sí, porque cada cerebro es diverso al momento de interpretar la realidad, porque cada hombre contempla los secretos cosmogónicos desde su perspectiva personal de observación y senderos de experiencia.

Uno de los elementos de mayor relevancia por su efecto y por su constancia simbólica en la poética de García Lorca es la *distancia*. A lo largo y ancho de su producción poética, García Lorca aduce a la distancia desde distintos enfoques y momentos, lo cual me hace pensar en una distancia con diversos planos y múltiples presentaciones. De un modo concreto, el crítico Ricardo Gullón define dos manifestaciones de distancia que él aprecia en los múltiples laberintos de la poesía:

La distancia es *"la separación entre dos puntos u objetos situados en el espacio o en el tiempo; la palabra sirve también para indicar la actitud con que nos enfrentamos a lo que está fuera de nosotros —personas, objetos, fenómenos— y en este supuesto se refiere más a lo espiritual que a lo material".* [1]

De esta apreciación, es posible —y factible, por necesidad— determinar que la distancia poética —es decir, la distancia aludida en el género poético, en general, y en el de García Lorca, en particular— puede ser distancia afectiva o distancia física. Sería prudente, por otra parte, afirmar que entre ambas distancias existe una intrínseca relación de pertenencia, de correspondencia indispensable, un lazo indisoluble que las lleva de la mano a una absoluta relación de causa–efecto. Algunos textos presentados a continuación confirman esta deducción. En "La balada del agua del mar", el poeta nos dice:

"El mar

---

[1] Gullón, Ricardo. Una poética para Antonio Machado, p. 183.

sonríe a lo lejos.
Dientes de espuma,
labios de cielo". [1]

El mar está fuera de las manos del poeta; es decir, no está a su alcance. Es una distancia de kilómetros interpuestos, ya que la nostalgia de evocación justifica la afirmación sobre la existencia de distancia física. Esa distancia no permite al poeta palpar las aguas saladas del inmenso mar. Sin embargo, esa distancia física no le impide tener acceso a imágenes azules y pretéritas, presenciadas de manera ojos–frente–al–agua, no sólo aguas vistas sino tocadas con los ojos. Ese espíritu nostálgico de belleza representativa de ese mar *que sonríe*, que tiene *dientes de espuma* y *labios de cielo* está tiritando como luz intermitente en cada ángulo conocido o desconocido del poema.

En algunos poemas de su *Romancero Gitano* (1928) la distancia es también un elemento que sugiere un sistema; es vaticinio, la distancia es augurio de aquel objeto que no está muy lejos y así se muestra en el "Romance de la luna, luna":

"Cuando vengan los gitanos,
te encontrarán sobre el yunque
con los ojillos cerrados.
Huye luna, luna, luna,
que ya siento sus caballos". [2]

Aquí la distancia física es deseo desesperado y de-

---

[1] García Lorca, Federico. *Poesías completas 1918-1921*, p. 99.
[2] García Lorca, Federico. *Poesías completas*, p. 317.

sesperante, afán perenne de realización, búsqueda continua de libertad, no sólo externa sino interna. En el poema, poner tierra de por medio es la solución a los eventos que están por venir; la distancia física es necesidad urgente para escapar de la muerte. Para el poeta, la distancia no es sólo dolor y suplicio que provoca la ausencia, martirio o calvario que provoca la ausencia, sino elemento efectivo y total de contundente seguridad y supervivencia, el cual permite al ser humano el encuentro con la paz.

El presagio no ya es presagio. Es realidad que se observa en cada detalle frente a los ojos del hombre. El trasfondo socio–político en algunos poemas de García Lorca es un grito colectivo donde la sed tremenda de justicia anhela ser saciada. Alguien debe ser el portavoz de ese grito colectivo. Mientras que en unos poemas la distancia física es un elemento que tiende a evadirse, evitarse a cualquier precio, en otros poemas es una necesidad de existencia. Cuando la distancia física toque las orlas de la caducidad, el suplicio será expulsado para que gobierne al mundo:

"*A lo lejos ya viene la gangrena*
a las cinco de la tarde". [1]

En el poema "La cogida y la muerte", la reiteración es un recurso estilístico en donde la fuerza lexicológica del poema se concentra como en una especie de punto de convergencia, en donde la contundencia original del

---

[1] García Lorca, Federico. *Poesías completas*, p. 459.

poeta radica con una fuerza expresiva que lo hace memorable:

"A las cinco de la tarde.
¡Ay qué terribles cinco de la tarde!". [1]

Por lo tanto, la distancia física no es el elemento más destacado. Sin embargo, esa convicción de denominar "gangrena" —el asunto indeseable, el objeto que debe extirparse para evitar la expansión del mal— al acontecimiento que está por venir, sugiere el rechazo de la voz poética a su llegada. De esta manera, la distancia física es una solución absoluta para los eventos no deseados.

Es frecuente apreciar ambas distancias en una misma obra. Una distancia física que poco a poco se transforma en afectiva o una distancia afectiva que se transforma en física. ¿Qué distingue a una de la otra? ¿Qué lazo invisible las une? ¿Qué muro imponente las separa? A veces, distancias cogidas de la mano como novios caminando por el parque. Otras, distancia distante de otra como matrimonio de años sobre la cama. Siempre distancias que inician y terminan en puntos intangibles porque sólo las determina la pluma impredecible del poeta.

"Compadre, vengo sangrando,
desde los puertos de Cabra. (…)
Pero yo ya no soy yo.
Ni mi casa es ya mi casa". [2]

---

[1] García Lorca, Federico. *Poesías completas*, p. 459.
[2] Ídem, p. 322.

131

En "Romance Sonámbulo", del libro *Romancero Gitano*, la distancia física es utilizada por el poeta para expresar el sufrimiento que se ha padecido durante cierto tiempo. A veces los males se recrudecen por la distancia física y es aquí donde la distancia también se involucra con el tiempo, es aquí donde una distancia enorme equivale a un largo tiempo. Hay muchos kilómetros en el trayecto recorrido, es una distancia considerable; y durante el traslado de un punto a otro, el sufrimiento es intenso (*vengo sangrando...*). Por otra parte, la distancia afectiva se manifiesta en el poema: *Pero yo ya no soy yo. / Ni mi casa es ya mi casa.* (Su cuerpo no forma parte ya de su yo existencial). Esa pérdida de identidad engendra una distancia tremenda entre dos puntos que, al pie de la letra, están juntos. Se puede hablar de una distancia enorme entre España y México. Pero es posible afirmar que, al hablar de ausencia de identidad, la distancia física entre dos continentes no es superior a la distancia afectiva que se manifiesta en "Romance Sonámbulo." En algunos casos, una distancia lleva a la otra, como en el caso de "Aire de nocturno":

"Te puse collares
con gemas de aurora.
¿Por qué me abandonas
en este camino?
Si te vas muy lejos,
mi pájaro llora
y la verde viña

no dará su vino". [1]

La distancia física para "él" —quien habla— es una consecuencia inexorable de la distancia afectiva que se manifiesta en "ella" —a quien se le habla—. Se aduce al abandono tras momentos sutiles de amor (en "él") y de erotismo, pero en ningún momento se aprecia correspondencia (en "ella"). Se habla de interponer distancia física porque la afectiva ya existía en "ella".

La distancia afectiva predomina en "Poeta en Nueva York". La nostalgia, la noche, el recuerdo, la cavilación son elementos frecuentes, y todos ellos relacionados con la distancia afectiva. En "Balada triste", la remembranza de los días lejanos logra superar barreras que construyen la distancia física, o tal vez el tiempo. Aquí podríamos hablar de una cercanía afectiva:

"¡Qué tristeza tan seria me da sombra!
Niños buenos del prado,
cómo recuerda dulce el corazón
los días ya lejanos...
¿Quién será la que corta los claveles
y las rosas de mayo?". [2]

El recuerdo es la herramienta que puede utilizarse para acercar los elementos lejanos y las experiencias ya idas. Y a pesar de que algunas dudas lo asaltan (*¿Quién será la que corta los claveles / y las rosas de mayo?*) debido a la distancia física entre el poeta y el espacio evocado, la cercanía afectiva es más poderosa.

---

[1] García Lorca, Federico. *Poesías completas 1918-1921*, p. 123.
[2] García Lorca, Federico. *Poesías completas*, p. 25.

133

Para García Lorca, poner distancia física como posible solución al problema no logra más que la creación de una cercanía afectiva. Es decir, el temor florece en aquél que huye del temor.

"Huyendo del sonido
eres sonido mismo,
espectro de armonía,
humo de grito y canto". [1]

En "Elegía del silencio", el poeta le habla al silencio. ¿Es posible que el silencio presuma de sonido? El poeta lo afirma, y enuncia que, deseando el silencio interponer distancia física ante el sonido, no se logra otra cosa más que la fusión total de ambos. Hay ocasiones en que el hombre intenta poner distancia física entre él y sus temores —que son como fauces que buscan el momento oportuno para morder—; sin embargo, el huir de ellos sólo conduce a fortalecer las cadenas entre ambos elementos. Aquí se comprueba aquella aparente antítesis de que una distancia lleva a otra que insiste en no ser.

En el poema "Romance Sonámbulo", la distancia afectiva que "ella" manifiesta es involuntaria. La voz poética propone la existencia de tal distancia, en ocasiones no planeada, no premeditada; y esta distancia es negativa, porque daña el estado anímico de la persona. Sin embargo, diversas circunstancias —como la pérdida de un ser querido, el abandono en cualquiera de sus posibles manifestaciones, el final de una relación amorosa—

---

[1] García Lorca, Federico. *Poesías completas*, p. 53.

postran al ser humano frente a una situación en donde la distancia afectiva deja crecer sus raíces huecas:

"Verde que te quiero verde.
Bajo la luna gitana,
las cosas la están mirando
y ella no puede mirarlas". [1]

En ciertas ocasiones, la distancia física es posible solución a la problemática planteada en el poema. Asimismo, la distancia afectiva puede también funcionar de tal manera; es decir, como remedio para los males. En "La casada infiel", el poeta considera la mentira como causa, como punto de origen para emprender una distancia afectiva —y física— y, de esta manera, evadirse del grave problema, logrando de este modo libertarse de peligrosas inminencias —el enamoramiento, por ejemplo— que conducen a la postración o al sufrimiento:

"Le regalé un costurero
grande de raso pajizo,
y no quise enamorarme
porque teniendo marido
me dijo que era mozuela
cuando la llevaba al río". [2]

Ambas distancias —física y afectiva— poseen características propias, ciertos elementos independientes que las distinguen entre sí. Sin embargo, la función de una sobre la otra en la poesía es tan paralela que por momentos podría pensarse que ambas distancias son ho-

---

[1] García Lorca, Federico. *Poesías completas*, p. 322.
[2] Ídem, p. 326.

mogéneas.

Bibliografía:

García Lorca, Federico. *Poesías completas.* Editores Mexicanos Unidos. México, 1999.

García Lorca, Federico. *Poesías completas 1918-1921.* Círculo de Lectores S.A./Galaxia Gutemberg. España, 2001.

Varela–Ibarra, José L. Dr. *La Poesía de Alfonso Cortés.* Universidad Autónoma de Nicaragua

RECURSOS ESTILÍSTICOS EN SONETOS SATÍRICO-BURLESCOS DEL SIGLO DE ORO

Dentro de la historia de la literatura universal, el *siglo de oro* es uno de los períodos más importantes, singulares y significativos en la transformación evolutiva de la lengua castellana. Es necesario y oportuno mencionar que este período comprende dos épocas literarias de características destacadas, disímiles entre sí, pero con diversos aspectos en común: primero y segundo renacimientos, los cuales comprenden la primera y segunda mitades del siglo XVI, respectivamente, y el período barroco, ubicado en el siglo XVII.

Analizando con detenimiento el nombre designado a este lapso, es posible apreciar cierta contradicción o falta de correspondencia del nombre con el objeto, ya que el tiempo que comprende esta época es mayor a la que su nombre indica: "*La locución siglo de oro utilizada desde hace mucho tiempo para designar este momento de nuestra literatura es, como se ve, inadecuada; de un lado, porque el período clásico de las letras españolas abarca bastante más de un siglo —en realidad, un siglo y medio desde la redacción de las obras de Garcilaso (hacia 1530) y la muerte de Calderón de la Barca (1681). De otro, porque al decir siglo de oro parecemos presumir un período de tiempo dotado de homogeneidad espiritual, cuando, por el contra-rio, pueden distinguirse en él [...] períodos distintos"*. [1]

Si emprendiera una exploración de nombres representativos de estos siglos tendría que penetrar en una odiosa depuración de elementos humanos magníficos e inigualables; pero mi intención principal es generalizar en este aspecto y particularizar en otro más *ad hoc* al tópico. Tendría que irme al período de transición de la Edad Media al *siglo de oro*: Fernando de Rojas (1465?–1541), para continuar con Juan Boscán (1500–1542), Garcilaso de la Vega (1503–1536), Gutierre de Cetina (1520–1557?), Félix Lope de Vega (1562–1635), Tirso de Molina (1584?–1648), Miguel de Cervantes Saavedra (1547–1616), Luis de Góngora y Argote (1561–1627), Francisco de Quevedo y Villegas (1580–1645), Pedro Calderón de la Barca (1600–1681), *et al.* Es necesario agregar que al *siglo de oro* pertenecen otros escritores de gran importancia que no vieron la luz primera en España sino en Hispanoamérica, pero que continúan la influencia de los grandes exponentes españoles, tal es el caso del excelente dramaturgo Juan Ruiz de Alarcón (1581–1639). Así, me atrevo a extender el período del *siglo de oro* de 1681 —con la muerte de Calderón— hasta 1695, con la muerte de la Décima Musa Sor Juana Inés de la Cruz (n. 1651).

Ahora llego al punto más relevante y exacto de esta panorámica: el análisis y la exploración formal e identifi-

---

[1] Díaz–Plaja, Guillermo, et al. *Historia de la literatura española e historia de la literatura mexicana*, p. 115.

cación de ciertas características propias de la época en los sonetos satírico–burlescos del siglo de oro. Para esto, algunos sonetos de Félix Lope de Vega, Francisco de Quevedo y Sor Juana Inés de la Cruz bastarán.

Existen diversos recursos literarios y herramientas estilísticas —figuras de construcción, tropos, figuras retóricas del pensamiento— en la creación poética renacentista y barroca, pero mi atención oscilará en aquellos más frecuentes e interesantes: la metáfora, que es una expresión brillante y compleja en que un elemento incógnito o semi–incógnito se expresa, define o describe en términos de otro con el cual guarda estrecha relación; el hipérbaton, que es la alteración del orden de los elementos sintácticos; los neologismos, vocablos nuevos, inventados, inclusive, por el artista; las alusiones mitológicas e históricas, expresiones en donde se expresa o se alude a un ser o lugar histórico o mitológico; la antítesis, figura que muestra contraposición de frases o palabras con el objeto de crear intensidad expresiva; la paradoja, expresión contradictoria que guarda una verdad.

Un estudio más minucioso podría arrojar como resultado que las cuatro primeras figuras son más notorias y constantes en la tendencia barroca denominada culteranismo, el cual consiste en expresar ideas con sombra y complejidad mediante voces poco conocidas y giros rebuscados, en ocasiones violentos, mientras que las dos últimas son más representativas del conceptismo, tendencia que procura la concisión ingeniosa y filosófica.

Veamos un soneto del poeta y dramaturgo español

Félix Lope de Vega y Carpio:

"Conjúrote, demonio culterano,
que salgas deste mozo miserable
que apenas sabe hablar, ¡caso notable!
y ya presume de Anfión tebano.

Por la lira de Apolo soberano
te conjuro, cultero inexorable,
que le des libertad para que hable
en su nativo idioma castellano.

—¿Por qué me torques bárbara tan mente?
¿Qué cultiborra y brindalín tabaco
caractiquizan toda intonsa frente?

—Habla cristiano, perro. —Soy polaco.
—Tenedle, que se va. —No me ates, tente,
suéltame. —Aquí de Apolo. —Aquí de Baco". [1]

El soneto de Lope de Vega es, sin duda alguna, conceptista y su humorismo es notorio en la crítica exhaustiva a la tendencia culterana que disfraza o reviste a la lengua. Es posible apreciar, sin embargo, algunas características de predominio culterano como las alusiones mitológicas —Anfión, Apolo, Baco—, situación paradójica. La creación de términos (neologismos) en el primer terceto muestra una burlesca complejidad de la intención culterana. Por otra parte, la diéresis en el vocablo "Anfión" constata el frecuente hiato en la versificación del siglo de oro.

Ahora el soneto "A un hombre de gran nariz" de

---

[1] Lope de Vega, Félix. *Lírica*, p. 329.

Francisco de Quevedo y Villegas:

"Érase un hombre a una nariz pegado,
érase una nariz superlativa,
érase una alquitara medio viva,
érase un peje espada mal barbado;
era un reloj de sol mal encarado,
érase un elefante boca arriba,
érase una nariz sayón y escriba,
un Ovidio Nasón mal narigado.
Érase un espolón de una galera,
érase una pirámide de Egito,
las doce tribus de narices era;
érase un naricísimo infinito,
frisón archinariz, caratulera,
sabañón garrafal, morado y frito". [1]

Uno de los elementos característicos de la época es la exageración; y esta exageración es posible apreciarla en la ornamentación excesiva de la arquitectura, por ejemplo. El poema de Quevedo está ornamentado con palabras selectas y rebuscadas, inventadas a manera de neologismos —narigado, naricísimo, archinariz—, y es, en síntesis, exagerado al describir el descomunal tamaño de una nariz: *una pirámide de Egi(p)to.* Otros recursos, como el hipérbaton, están presentes en el poema: *Érase un hombre a una nariz pegado* que, de acuerdo con la sintaxis, sería *érase un hombre pegado a una nariz.*

Resulta interesante incursionar en la obra de la escri-

---

[1] Quevedo y Villegas, Francisco de. *Poemas escogidos*, p. 103.

tora mexicana Sor Juana Inés de la Cruz porque en ella se conjugan, con delicada armonía, ambas tendencias barrocas. Veamos el soneto 159-163, II:

"Aunque eres, Teresilla, tan muchacha,
le das quehacer al pobre de Camacho,
porque dará tu disimulo un chacho
a aquél que se pintare más sin tacha.

De los empleos que tu amor despacha
anda el triste cargado como un macho,
y tiene tan crecido ya el penacho
que ya no puede entrar si no se agacha.

Estás a hacerle burlas ya tan ducha,
y a salir de ellas bien estás tan hecha,
que de lo que tu vientre desembucha

sabes darle a entender, cuando sospecha,
que has hecho, por hacer su hacienda mucha,
de ajena siembra, suya la cosecha". [1]

El humorismo está manifiesto en la ingeniosa situación de la burla. La rima es otro elemento que contribuye en el ingenio, ya que fue dictado para que se hiciera como tal. En el último terceto es posible apreciar la complejidad de la sintaxis de la mano con el ingenio, características conjugadas de las dos tendencias barrocas: sintaxis (culteranismo) e ingenio (conceptismo). La metáfora es utilizada por la monja cuando dice: *y tiene tan crecido ya el penacho*, en donde utiliza un elemento imaginario (el penacho) para designar al elemento real (el or-

[1] De la Cruz, Sor Juana Inés. *Obras Completas Tomo I Lírica Personal*, p. 285.

gullo).

Existen muchos otros poemas de este carácter, no sólo en su presentación formal de soneto sino en letrillas, romances, décimas, entre otras estrofas. El humorismo ha sido siempre un aspecto importante en la literatura, pero en España esto fue una guerra cotidiana entre intelectuales durante los siglos XV y XVI. Cada uno de estos sonetos podría convertirse en paradigma, "desarmarse" de manera integral para la identificación de elementos. Pero la poesía es un espléndido bocado que se digiere sin hurgar los elementos que lo conforman. Sin embargo, es bueno poseer una idea sobre lo que existe más allá del bocado por si alguna bendita vez intentamos entrar a la cocina.

Bibliografía

Álvarez, María Edmée. *Literatura mexicana e hispanoamericana*. Editorial Porrúa, S.A. México, 1992.

De la Cruz, Sor Juana Inés. *Obras Completas Tomo I Lírica Personal*. Fondo de Cultura Económica. México, 1988.

Díaz Plaja, Guillermo y Francisco Monterde. *Historia de la literatura española e historia de la literatura mexicana*. Editorial Porrúa, S.A. México, 1984.

Enciclopedia Autodidacta Siglo XXI. Literatura. Ediciones Euroméxico, S.A. de C.V. España, 1998.

Guillón Barrett, Yvonne. *Versificación española*. Compañía General de Ediciones. México, 1976.

Lope de Vega, Félix. *Lírica*. Editorial Castalia, S. A. España, 2001.

Quevedo y Villegas, Francisco de. *Poemas escogidos*. Ediciones Prisma, S.A. México, 1989.

La metafísica palpable
Una perspectiva de *Prosas rimadas*
de José Arrese

A lo largo de los siglos, muchos poetas han descendido por las escalinatas de la conciencia para explorar el universo íntimo, el espacio interior que está más allá de la carne y los huesos, mucho más allá de los órganos y la sangre, el universo del que se habla pero que no se mira, el que existe pero que no se palpa con la sensibilidad de los surcos dactilares. En otras palabras, el universo desconocido hacia el que navegamos todos los seres vivientes después de pasar por los elementos tangibles de la tierra, después de emparentarnos con la cronología y lo visible.

El poeta regiomontano José Arrese Falcón (1851-1917), radicado en H. Matamoros, Tamaulipas, durante su etapa profesional y hasta su muerte, publica un solo libro en 1904, *Prosas rimadas*, el cual reúne su poesía filosófica con la estructura modernista de la literatura hispanoamericana de la época. Con pretextos más bien sencillos —por ejemplo, dedicatorias a las personas en ocasión de su aniversario o de su fallecimiento, textos a partir de su actividad como docente y periodista—, el poeta rasga sus propias paredes hasta poner el pie en los espacios interiores. Reflexiona sobre la idea y el pensamiento, la muerte y la vida, la física y la metafísica. Busca la comprensión de la humanidad y su origen, sus propiedades y principios, desde su trinchera de experiencia retórica como individuo compuesto de letras. Se desplaza por las columnas de su propio pensamiento con la fijeza de revelarse a sí mismo la concepción humana para aceptarse como entidad pensante.

La muerte después de la vida, el espíritu, la esencia, la metafísica palpable, no con el tacto de las manos, sino con las palabras, con la espuma del entendimiento, con la mirada introspectiva. Ése es el tema central del libro y de estas reflexiones, a partir de su lectura. No es un tema nuevo, por supuesto. Grandes poetas de todos los tiempos, incluyendo aquéllos de su propia época, han abordado el tema de la vida y la muerte. El poeta nicaragüense Rubén Darío dice en su poema "Lo fatal":

"¡y no saber adónde vamos
ni de dónde venimos!". [1]

En *Prosas rimadas*, José Arrese cuestiona la sujeción del ámbito humano a la fugacidad natural de los objetos, a la estancia efímera de los suspiros. No discurre sobre la materia que nos conforma, sino en lo que hay más allá del momento en que el cuerpo deja su carácter dinámico para transformarse en polvo sin movimiento. En el poema "A la memoria de Alfredo Torroella", el poeta

---

[1] Darío, Rubén. *Poesía*, p. 147.

regiomontano-tamaulipeco dice:

"Es triste creer la humanidad formada
tan sólo de materia,
¡condenada a vivir en la miseria
para volver a convertirse en nada!". [1]

El poeta se resiste a la creencia de la fugacidad humana. Sostiene que debe haber algo más a partir del momento en que el cuerpo deja de moverse para siempre, cuando el sistema de irrigación sanguínea se detiene para siempre. Años después, con esa necesidad de resistirse a la alternativa de la fugacidad humana, el poeta mexicano Xavier Villaurrutia diría en "Nocturno miedo", incluido en el libro *Nostalgia de la noche*:

"El miedo de no ser sino un cuerpo vacío
que alguien, yo mismo o cualquier otro, puede ocupar,
y la angustia de verse fuera de sí, viviendo,
y la duda de ser o no ser realidad". [2]

En el poema "Dios", José Arrese reflexiona sobre el espacio ubicado más allá del espacio físico, más allá del silencio definitivo del cuerpo, el ultraespacio, en el que cree con la devoción que dicta la fe:

"El infinito existe". [3]

Desde su perspectiva de observador metódico, de alzarse sobre las cosas como testigo de los acontecimientos que circundan al ser humano —aunque la observación y su carácter de testigo sean producto de la

---

[1] Arrese, José. *Prosas rimadas*, p. 13.
[2] Villaurrutia, Xavier. *Obras*, p. 45.
[3] Arrese Falcón, José. *Prosas rimadas*, p. 3.

fe—, el poeta define al hombre desde el ángulo preciso en que se ubica su convicción personal:

"*Seres compuestos de materia y alma*". [1]

El temor a los elementos desconocidos —temor en el sentido de respeto hacia aquello que no se puede probar como teoría— no es sólo un sentimiento, sino una actitud en la que navega la humanidad del hombre y la mujer. Desde pequeños se nos hereda la creencia, desde el momento en que nuestra madre nos amamanta, de que existe el universo físico, el que tocamos, el que vemos, el que olemos, el que se comprueba a través del encanto de los sentidos; y el universo invisible, el que está más allá de las cosas que se posan sobre la tierra y que gravitan en el espacio, al que se llega de manera irreversible cuando los ojos se cierran para siempre. En el mismo poema, Arrese llega a la conclusión premeditada, según su entendimiento individual de las cosas:

"*Hay, pues, dos universos: el sensible*
y el moral, misteriosos y profundos,
el uno material, el de los mundos:
el otro, de las almas, invisible". [2]

Para llegar a la conclusión que defiende la existencia del más allá, José Arrese reflexiona sobre un tema constante en la literatura de todos los tiempos: la muerte, ese estado final en el que el cuerpo, como señalara en el siglo diecisiete la célebre poeta mexicana del hábito reli-

---

[1] Arrese Falcón, José. *Prosas rimadas*, p. 5.
[2] Ídem, p. 5.

gioso, *"es cadáver, es polvo, es sombra, es nada"*. [1] En el poema "Ante las cenizas de los niños María y Leopoldo Ci-
cero", mediante la retórica ingeniosa de la antítesis, el
poeta se pregunta y se responde:

"¿Qué es la sombra? La imagen de la muerte.
¿Y qué es la muerte? Nada más que sombra". [2]

La muerte es sombra, contorno, negritud, el color
negro que predomina en el texto poético para adjudicarle el ambiente propicio. La evocación de la muerte física
que padecen los cuerpos, unos a tiempo, otros a destiempo. Más adelante en la cronología de las letras, en
los andamios de la literatura mexicana de mediados del
siglo XX, el poeta veracruzano Neftalí Beltrán diría en el
poema "Al sueño":

"Conciencia perseguida, fuerza inerte,
ventana a lo ignorado siempre abierta,
¡oh sueño, mitad vida, mitad muerte!". [3]

También Jorge Luis Borges establece un paralelismo
entre el sueño y la muerte. En su poema "Arte poética",
mediante un ingenioso juego de palabras, el pensador
argentino dice:

"Sentir que la vigilia es otro sueño
que sueña no soñar y que la muerte
que teme nuestra carne es esa muerte
de cada noche, que se llama sueño". [4]

---

[1] De la Cruz, Sor Juana Inés. *Lírica personal*, p. 277.
[2] Arrese, José. *Prosas rimadas*, p. 8.
[3] Beltrán, Neftalí. *Poesía (1936-1996)*, p. 51.
[4] Borges, Jorge Luis. *Obras completas II*, p. 221.

Como ser humano, temeroso de la vida que hay después de la vida, según los ángulos de su creencia individual, Arrese dice en el poema "En la muerte de la Sra. Francisca de la G. de Villavicencio":

"*Y al volver a la tierra lo que es tierra,*
lo que del cielo vino, vuelve al cielo". [1]

El poeta tiene la certeza de que dentro del cuerpo —que es la forma— yace el espíritu —que es la esencia. Esta propuesta ontológica se manifiesta en el texto poético "En la velada fúnebre A la memoria del maestro y general Don Francisco Montes de Oca", donde Arrese establece las anteriores analogías con el objeto de comprenderse a sí mismo como ser finito en la tierra, pero infinito en el espacio denominado "más allá":

"*En el cuerpo la vida es pura forma*
que ya la muerte en sus entrañas lleva:
la materia se rompe y se transforma,
y (en) la esencia, el espíritu se eleva". [2]

En el mismo poema, Arrese asevera la postura de que la vida y la muerte van de la mano, juntas, aliadas inseparables frente a los seres humanos, como eventos dependientes uno de otro.

"*Lo que creemos muerte, eso es la vida:*
lo que llamamos vida, eso es la muerte". [3]

Años después, el poeta y ensayista mexicano, Octavio Paz, abordaría el mismo tópico en su *Libertad bajo*

---

[1] Arrese, José. *Prosas rimadas*, p. 15.
[2] Ídem, p. 31.
[3] Ídem, p. 32.

palabra, la misma convicción en referencia a lo dicho por Arrese, en el poema "La poesía":

"*En su húmeda tiniebla vida y muerte,*
quietud y movimiento, son lo mismo". [1]

En el proceso de comprensión de los actos y los eventos humanos, en la observación detallada de los orígenes que engendran el rumbo invariable de los acontecimientos, José Arrese reitera la indiscutible relación entre causa y efecto, señalando que con frecuencia los seres humanos no alcanzamos a comprender la naturaleza de las cosas que nos circundan durante nuestro itinerario de vida. En "Misterios", poema con la estructura clásica del romance por su carácter narrativo, Arrese enuncia:

"*Ente miserable el hombre*
cuyo obcecado cerebro
no alcanza ni a concebir
las causas de los efectos
sabiendo que sin aquéllas
no pueden existir éstos". [2]

La reflexión filosófica es frecuente en los poemas de José Arrese, una reflexión no sólo estética ni retórica sino, en continuas ocasiones, una propuesta didáctica. En el soneto de perfecta estructura "El tiempo y el espacio", el autor juega con las palabras cuando dice:

"*El tiempo y el espacio son engaño:*
la eternidad es tiempo sin medida

---

[1] Paz, Octavio. *Obra poética 1935-1988*, p. 104.
[2] Arrese, José. *Prosas rimadas*, p. 151.

151

y el infinito, espacio sin tamaño". [1]

Aunque por momentos sus aseveraciones se presenten como teóricas (el autor no deja espacios en blanco cuando se trata de ser persuasivo, no deja resquicios endebles que ofrezcan posibilidades alternativas), José Arrese confiesa que la propuesta filosófica en su poesía es su visión personal de las cosas. En el soneto "La esencia y la forma" dice:

"Es la esencia un arcano indescifrable". [2]

Mediante la manipulación de sus propias convicciones, a través de la inamovilidad de sus creencias ante posibles réplicas o cuestionamientos, con su fe como único testigo, con el planteamiento de respuestas persuasivas para las preguntas humanas respecto al destino asentado más allá de la muerte, el escritor ofrece una manera de palpar la metafísica teniendo como único instrumento el manejo de las palabras, elementos lingüísticos convincentes, herramientas sintácticas categóricas, sobre un tema que siempre será controversial.

Bibliografía:

Arrese, José. *Prosas rimadas*. Imprenta de El Puerto de Matamoros. México, 1904. Segunda reimpresión, México 1990.

Beltrán, Neftalí. *Poesía (1936-1996)*. Instituto Veracruzano de Cultura. México, 1997.

---

[1] Arrese, José. *Prosas rimadas*, p. 251.
[2] Ídem, p. 252.

Borges, Jorge Luis. *Obras completas II.* Emecé Editores España, S. A. España, 1996.

Darío, Rubén. *Poesía.* Editorial Planeta, S. A. España, 2000.

De la Cruz, Sor Juana Inés. *Obras Completas Tomo I Lírica personal.* Fondo de Cultura Económica. México, 1951.

Paz, Octavio. *Obra Poética (1935-1988).* Editorial Seix Barral, S. A. España, 1990.

Villaurrutia, Xavier. *Obras Poesía Teatro Prosas varias Crítica.* Fondo de Cultura Económica. México, 1953. Quinta reimpresión, 2006.

EL TIEMPO Y SUS CONNOTACIONES EN *CONTRA RELOJ* DE GRACIELA GONZÁLEZ BLACKALLER

Ya sean manecillas o arena, caminamos *Contra reloj*. Nuestros pasos se confunden entre los millones de sonidos que nos unen o que nos apartan, en definitiva. Nos desplazamos por la vida con aquella necesidad de llegar a lugares desconocidos, con esa urgencia para tocar rostros que se disipan en cuanto sienten los surcos de nuestras huellas digitales. Nos emparentamos con el tiempo porque por nuestras venas corre la esencia de las cosas.

Releer *Contra reloj* es en poco —o mucho— esto que acabo de mencionar. Las imágenes literarias —instantáneas que alguna vez llegaron a mi entendimiento después de su lectura y que se ocultaron en los resquicios de la memoria— resurgen para estacionarse sobre mi mesa con el objeto de analizarlas y hablar sobre ellas, desmenuzarlas en ritual de reflexión pausada y precisa, palparlas en el universo infinito de las posibilidades y reconocer la suavidad que las conforma.

Adela Graciela González Blackaller (1922-2011), originaria de Saltillo, Coahuila; tamaulipeca por devoción, publicó *Contra reloj* en 1989. Esta colección de poemas nos ofrece la oportunidad de conocer la perspectiva de la autora sobre el tiempo, tema de ninguna manera novedoso pero tratado en esta obra de una manera particular, emparentado con la estética literaria de éste y aquel tiempo, el de la retórica versal tradicionalista y la propuesta literaria contemporánea. Todos los seres humanos tenemos algo que decir en referencia al tiempo y la voz poética en este libro dice:

"Por venganza
arrojé lejos el yugo del tiempo". [1]

El tiempo puede ser enemigo implacable, oculto detrás de las cosas que nos circundan, entidad que se manifiesta con su simbología no deseada y esclaviza y empobrece y disminuye. En el poema "Contra reloj", ella —la voz poética— se deshace del reloj, aquel objeto que nos recuerda que somos criaturas temporales, sílabas breves en este espacio al que llegamos de manera súbita para sostener la trayectoria del tiempo. Aunque el reloj ya no está al alcance de los ojos, está el tiempo, sombra que nos acompaña a dondequiera que vamos. En el poema "El naranjero pasó" dice:

"El tiempo que pasa es cómplice activo
y en sus alas lleva la loción que usabas". [2]

Aquí el tiempo se materializa, cobra consistencia y visibilidad. Ya no es sólo aquel concepto de carácter intangible e inodoro que está con nosotros en todo momento mientras se vive. En este texto, el tiempo es

---

[1] González Blackaller, Graciela. *Contra reloj*, p. 1.
[2] Ídem, p. 10.

"cómplice" de nuestras acciones y nuestros rumbos, tiene "alas" y es portador del aroma de alguien que debe ser importante para la voz poética. Muchas veces la sola idea puede evocar el olor y el sabor de las cosas. Basta recordárseles para hacer acto de presencia sin que exista la presencia misma. En el poema "¿Dónde estás?" dice:

"El círculo se va reduciendo
concéntricamente". [1]

En esta imagen, donde se habla de la reducción, se establece una analogía con el transcurso del tiempo. El poema presenta una propuesta temática en donde la presencia de una persona se agota al paso del tiempo, es decir, se llega a la ausencia y se le reconoce y se le palpa y se le asimila. Las ausencias condicionan el rumbo de nuestros pasos, la agilidad de nuestras acciones y el efecto de las palabras que pronunciamos. Es decir, las ausencias nos inundan de presencias nuevas que determinan la grandeza o pequeñez de nuestra humanidad. Más adelante, en el poema "Mañana" enuncia:

"Mañana está bien. Ahora no,
estoy cansada". [2]

Esta procrastinación de las acciones, esta postergación de los actos para darle paso a asuntos prioritarios. El cansancio que se sugiere en estos versos es el desgano que produce el aburrimiento, el hastío que vibra ante la mismidad y la reincidencia. El poema propone la ausencia del objeto amado, pero la voz poética no quiere

[1] González Blackaller, Graciela. *Contra reloj*, p. 19.
[2] Ídem, p. 21.

caer en lo mismo: no quiere reincidir en el mismo tema. Recordar a alguien que fue —y que ya no es— puede ser un proceso de martirio y flagelación. El cuerpo y el alma no desean someterse a la lesión perpetua de pensar en lo que no se tiene. Aunque en el poema se le concede lugar protagónico a la evasión, la verdad es que el recuerdo de la persona ausente la desbanca por tener raíces profundas, cimientos que se alzaron con convicción y que son difíciles de derrumbar: la falacia neorromántica del *no quiero* que en realidad es *quiero*. En el poema "La sociedad acecha" la voz poética anuncia:

"*Es casi un hecho*
que me suicide mañana,
hoy no puedo". [1]

Aquí también aparece esta convicción para posponer ciertos eventos, dado que hay prioridades. O este deseo de que haya prioridades ante asuntos cuyo trato es preferible posponer, dada la naturaleza emocional que le acompaña. Para qué sufrir hoy; mejor sufro mañana. En este poema, ella recurre al humorismo para señalar una serie de diligencias que deben de concluirse antes de recurrir a su propósito inicial. Ese humorismo se confunde con ironía, o viceversa, ya que en el cuerpo narrativo del texto poético así se observa. En el poema "Martes de octubre" señala:

"*Si a través de los años has sido*
el matiz, la gota de rocío". [2]

---

[1] González Blackaller, Graciela. *Contra reloj*, p. 48.
[2] Ídem, p. 24.

157

El transcurso irreversible de los años, el desprendimiento constante y puntual de las hojas del calendario para indicar la fugacidad que nos cimbra, el matiz que somos, "la gota de rocío" que tiene breve humedad, mientras el sol lo permita. En este poema se habla sobre la brevedad, el lapso minúsculo entre aquello que fue y ya no es. También la brevedad que somos en este engranaje caótico llamado vida. El poema es un culto a las circunstancias efímeras, al suspiro que apenas termina y desaparece en el viento para siempre, dejando apenas memoria de lo que fue. En el poema "A otro nivel miro tu ausencia" la voz poética dice:

"Escucho tu voz, pegada a mi oído
en la intangible anatomía
de lo eterno". [1]

La eternidad es el alargamiento del tiempo, el intenso deseo de darle perpetuidad a los actos. Aquí el tiempo ya no es símbolo y constancia de lo efímero, ya no es propuesta de fugacidad en los eventos ni en las palabras ni en los rostros, sino una alegoría cíclica de aquello que se conserva para siempre: la eternidad. El poema propone la completitud después de haber caminado por los senderos laberínticos de la vida, la correspondencia en el amor que rompe con las barreras que construyen los albañiles abstractos al servicio del tiempo. En el poema "Las seis de la tarde" declara:

"Llueve,

---

[1] González Blackaller, Graciela. *Contra reloj*, p. 26.

voy penetrando al futuro
por la puerta
de los años perdidos". [1]

La lluvia, elemento natural que nos transporta sin remedio a la elegía, simbología de lágrimas y elementos análogos. Mientras que en algunos giros retóricos de diversos textos literarios la lluvia simboliza la continuidad de la vida, en otros la lluvia es sinónimo de tristeza y de lamento, postura anímica de padecimiento interior. El poema alude a los recuerdos que lastiman de tanto recordarse. El recuerdo, espacio interior que nos trae rostros, contornos bien definidos, aromas concretos; el recuerdo, líquido que permanece y que sobrevive a ese transcurso paulatino del tiempo que se nos presenta en *Contra reloj*. En el poema "El beso", la voz poética dice:

"ya que después de ese beso
¡nunca seremos los mismos!". [2]

Las acciones humanas cambian el rumbo de los pasos, la dirección de las palabras y la línea constante de las decisiones. Un beso puede lograr que las direcciones se encuentren o se desencuentren, que se navegue en el mismo sentido o en sentidos opuestos. En este poema, el beso de la persona amada prolonga los instantes del encuentro; es decir, alarga su consistencia natural y su vértigo, fortalece su rumbo fijo y sus raíces. Más adelante, en el poema "La sociedad acecha" puede leerse:

"y darle cuerda al reloj

---

[1] González Blackaller, Graciela. *Contra reloj*, p. 29.
[2] Ídem, p. 43.

que me regaló mi abuelo". [1]

El reloj, mecanismo que determina nuestras actividades de manera rigurosa. El reloj, objeto que debe continuar su marcha puntual para ser quienes somos. Este reloj del texto necesita el impulso humano para que no se detenga y se atrofie la lectura exacta del tiempo. De este modo nosotros necesitamos del impulso humano para continuar viviendo, para que la respiración continúe con su ritmo habitual. La voz poética establece esta analogía entre el reloj y la persona, indicando que ambos elementos requieren del estímulo de otros para continuar con la encomienda en los senderos múltiples de la vida. En el poema "Veinte siglos de amor y una canción desesperada", título que nos lleva de inmediato a los nombres de Alfonsina Storni [2] y Pablo Neruda [3], la voz poética dice:

"Veinte siglos de amor; veinte siglos de voces
que apagadas están". [4]

Las voces se apagan al transcurso de los años, se atenúa la sonoridad —aunque nunca se llega al olvido— ya que el recuerdo prevalece intacto. La imagen hiperbólica de los "Veinte siglos" muestra la devoción por aquello que perdura, las convicciones individuales que prevalecen en los actos y que superan las barreras del tiempo. La brevedad ya no es aquí una constante. Ahora la cons-

---

[1] González Blackaller, Graciela. *Contra reloj*, p. 49.
[2] Alfonsina Storni es autora del poema "Veinte siglos"
[3] Pablo Neruda, autor de *Veinte poemas de amor y una canción desesperada*.
[4] González Blackaller, Graciela. *Contra reloj*, p. 63.

tante es la perdurabilidad de los acontecimientos.

Graciela González Blackaller nos ofrece un acercamiento concreto, casi tangible, a las diversas connotaciones del tiempo, un atisbo meticuloso a sus derivados, un contacto físico con sus insinuaciones. La percepción del tiempo en las vidas humanas no es el mismo. Mientras que para algunos individuos el tiempo tiene cierta definición —dependiendo de la experiencia personal—, otros la perciben de manera distinta, aunque al final el efecto sea el mismo. Un tema que muchos poetas han tratado a lo largo de los siglos, pero que no deja de interesarnos dada su estrecha relación con nuestros actos.

Bibliografía:

González Blackaller, Graciela. *Contra reloj*. ITC. México, 1989.

Neruda, Pablo. *Poesías selectas 1920-1952*. RODESA. España, 2001.

Storni, Alfonsina. *Obra poética completa*. SELA. Argentina, 1968.

EL TESTAMENTO ILUMINADO
MIRADA A *TESTAMENTO DE ALBATROS*
DE ARTURO MEDELLÍN

La luz ha sido elemento recurrente en las manifestaciones poéticas de todos los tiempos. Grandes escritores de diversas épocas, escritores de distintos espacios en el mundo, han encontrado en la luz y en elementos análogos, una puerta abierta para manifestar su experiencia humana y su perspectiva individual con las herramientas estéticas de la poesía; el sistema de imágenes perfecto para enriquecer el discurso poético. Para algunos escritores, la luz se encamina a la simbología de la completitud en todos los aspectos que rigen la conducta del hombre. Para otros, la estrella luminosa que nos acerca a las planicies de la sabiduría, el pensamiento y la academia. Otros más definen la luz como un punto alegórico que manifiesta abundancia de amor y generosidad de aliento humano. Ernesto Cardenal, el maestro nicaragüense de la poesía —no sólo— social, dice que "*la naturaleza es como una sombra de Dios, un reflejo de su belleza y un resplandor*". [1] Para él, la naturaleza es no sólo resplan-

---

[1] Cardenal, Ernesto. *Vida en el amor*, p. 23.

dor sino sombra, vocablos que se emparientan por momentos para señalar el mismo elemento. La antítesis aparente de luz y sombra puede fundirse y confundirse en un parpadeo de palabras. Después de todo, la poesía es manifestación dúctil del proyecto humano.

Arturo Medellín Anaya (San Luis Potosí, 1951) concentra su atención en la experiencia del individuo, relacionándola con un elemento extraordinario de la naturaleza que nos conmueve por su grandeza incomparable: el mar. Espacio azul, umbral entre agua y arena, el mar se ciñe a la palabra poética para forjar un enlace bilateral que permanece durante la lectura. En *Testamento de Albatros* (E. A., 1990), Medellín nos presenta la vivencia del hombre, la experiencia individual en el ámbito amoroso, en relación estrecha con el mar. El espacio marino sería la escenografía del "testamento", si éste fuera una obra dramática. El predominio del tono elegíaco en los textos que comprenden este libro se anticipa con el subtítulo: (fragmento de un naufragio). En uno de los primeros poemas, la voz poética señala:

"Vengo desde el silencio
y en él habitan sombras". [1]

Aunque la sombra nos alude una postura antitética de la luz, en el poema el vocablo brilla con intensidad estética para representar el estado anímico y la trayectoria vivencial de quien habla. La sombra es la negación de los rostros, la opacidad de la memoria y de los cuerpos,

---

[1] Medellín Anaya, Arturo. *Testamento de albatros*, p. 19.

la negrura que niega el color explícito de las cosas. Dice Rosario Castellanos: *"Que mi cuerpo era un árbol y el dueño de los árboles / no es su sombra, es el viento"*. [1] La poeta mexicana define la sombra como parte fundamental de los árboles. Es decir, la sombra adopta un papel protagónico en el poema, indispensable para señalar el rumbo de los acontecimientos. Octavio Paz dice: *"él mismo sombra afilada vuelto luz erguida entre y contra los diversos resplandores de los vidrios rotos"*. [2] Aquí se observa la designación de un elemento ensombrecido a la luz misma, al resplandor mismo. Nuestros ojos deben abrirse para encontrar esa relación entre sombra y luz, pero no en relación de igualdad sino de bilateralidad. En el poema de Medellín la sombra es, también, elemento de importancia que entabla esa analogía con la luminosidad. La sombra se relaciona con el silencio. Este vínculo entre ambos elementos contribuye a incrementar la propuesta retórica del padecimiento elegíaco. Así, tanto la sombra como el silencio, sin representar de ningún modo sinonimia con la luz, alcanzan ese destello poderoso de expresividad, esas pinceladas vibrantes que destacan en el ambiente del discurso poético. En otra parte del libro, la voz poética señala:

"Él ve sus movimientos ahora luz
y de soslayo,
ella lo mira en su tensión". [3]

---

[1] Castellanos, Rosario. *Poesía no eres tú*, p. 60.
[2] Paz, Octavio. *El mono gramático*, p. 26.
[3] Medellín Anaya, Arturo. *Testamento de albatros*, p. 23.

En el poema "Anagnórisis" se establece esa relación de causa-efecto que menciona Octavio Paz en *El mono gramático*. En el ensayo-poema-relato del Nobel de Literatura 1990, la sombra se transforma, no en fuente de luz, sino en la luz misma. Aquí se destaca esa dualidad entre elementos con morfología distinta, pero con un manejo poético de relación intrínseca. Medellín recurre a esa causa-efecto para indicar en su poema que el movimiento se transforma en luz. El movimiento es no sólo la traslación de los elementos tangibles desde un espacio físico a otro, sino de una cualidad a otra. La frontera delgada entre la realidad y la irrealidad se pierde en cortinas de bruma, se oculta por momentos para rebasar el umbral invisible que las divide en todos los planos posibles de la vida cotidiana. Es decir, el espacio realista se abandona con la finalidad de entrar en otro surrealista. La experiencia del artista plástico influye en la experiencia como orfebre de la palabra. El proceso de reencuentro y reconocimiento recíproco se cumple con la imagen de movimiento que se transforma en luz para detonar la agnición entre ambas personas. En otro verso, la voz poética señala lo siguiente:

"*Eras sólo la voz,*
la caída interminable de aguas
entre los brillos de la roca". [1]

En el sentido literal de la palabra, la luz manifiesta su concepto sobre la roca, despertando el resplandor en

---

[1] Medellín Anaya, Arturo. *Testamento de albatros*, p. 15.

un objeto que, por lo general, no resplandece por sí solo. El agua es el elemento natural que contribuye a producir esos intensos resplandores dentro del poema, desde luego, con la colaboración de los astros diurno o nocturno. Con el mismo tono elegíaco —ya he mencionado que es tono predominante en las páginas del libro— el recuerdo converge en la experiencia luminosa del amor; sin embargo, se habla en el poema de un amor que ya no es, un amor que terminó con un derrumbe de elementos circunstanciales que llevaron su esencia al naufragio.

La luz no es consecuencia exclusiva del sol, no la trascendencia que gobierna el espacio en el que nos trasladamos, sino de otros elementos que descansan en el entorno. En el poema XVII de *The Cantos*, Ezra Pound dice: *"In the stillness, / the light now, not of the sun"*. [1] Estos versos definen la luz como característica no exclusiva del sol. En general producida por el astro encendido en el núcleo del universo, la luz se manifiesta ante nosotros con diversas tonalidades, se refleja sobre los rostros y las cosas, cubre múltiples elementos que circundan a los seres humanos. De esta manera, ese resplandor entra a la memoria a través de los ojos, gotas de luz que transforman nuestros actos, que nos huellan para siempre en la inquietud cotidiana de nuestros pasos. En su poema "Alameda", Héctor Carreto dice: *"Pero hay faroles que delatan / y estatuas con uniforme"*. [2] El poeta mexicano señala

---

[1] Pound, Ezra. *The Cantos*, p. 76.
[2] Carreto, Héctor. *Antología desordenada*, p. 40.

que la luz es la que permite la identificación de los rostros, la denuncia de los cuerpos, de los elementos que se desplazan —o no— cuando las capas de la noche inundan el entorno. Aquí que el sol no es la única fuente de resplandores. Dice el poeta, objeto de este estudio subjetivo, en otro texto:

"*Repentino fulgor.*
El relámpago
al fondo del océano". [1]

En el poema 24 de "Pensar en el mar" aparece otro elemento conocido por su destello breve, fuente natural de iluminación sobre las cosas: el relámpago. Descarga que corta espacios con su filo instantáneo, puñal que traza líneas impredecibles en el vientre amplísimo del cielo y del aire en un proceso alucinante, serpiente que se arrastra en el espacio nebuloso hasta posarse en la superficie de la tierra. Pero cuando el relámpago tiene su origen en el fondo del océano, otras imágenes que no se vinculan con la descarga eléctrica —relativas a los peces, por ejemplo— se conforman en nuestro pensamiento. Dice el escritor Thomas Stearns Eliot, Premio Nobel 1948: "*Doubled the flames of sevenbranched candelabra / reflecting light upon the table*". [2] En estos versos, el poeta dice que la luz sobre la mesa es un reflejo provocado por el fuego de un candelabro de siete brazos. Aquí el fuego simboliza la iluminación en el entorno, rostros diversos que pueden verse sin la necesidad de esperar la llegada

---

[1] Medellín Anaya, Arturo. *Testamento de albatros*, p. 88.
[2] Eliot, T. S. *Collected poems 1909-1962*, p. 56.

del sol. En otro poema de *Testamento de albatros*, la imagen aquélla del relámpago en el fondo del mar, se aclara más aún con la aparición de los peces:

"Cardumen de plata
en la noche salada:
Vía Láctea". [1]

En el poema 30 de "Pensar en el mar", la voz poética establece analogías como un recurso estilístico frecuente. La imagen del cardumen de peces plateados que semejan la Vía Láctea en la profundidad marina es positiva. Aquí el tono elegíaco pareciera ocultarse para dar paso a una postura más optimista y luminosa. La escritora mexicana Elsa Cross dice: *"Puntos luminosos bordean los golfos negros, se palpan en un cráter brillante / y el pulso oscuro de ese tiempo entra con su ceguera"*.[2] La contraposición de elementos claros y oscuros es frecuente en la poesía de Cross. Por momentos, elementos claroscuros, como manifestación concreta de la luz relacionada con el entorno. Pero no sólo se puede ver en el entorno, sino en el universo interior de la voz poética. La luminosidad puede extenderse en las planicies de la memoria. Del mismo modo, Arturo Medellín Anaya emplea ese recurso plástico al combinar elementos con tonalidades claras y oscuras, con el objeto de lograr esa pincelada terminológica como propuesta de la imagen poética: los peces plateados y la oscuridad del vientre marino. En otro poema puede leerse:

---

[1] Medellín Anaya, Arturo. *Testamento de albatros*, p. 94.
[2] Cross, Elsa. *Cuaderno de Amorgós*, p. 30.

"agua y sol
quieren jugar al cielo
     y pierden
la luz
     blanca como el silencio". [1]

En el poema VII de "Nocturno de los afluentes", la luz y el silencio son del mismo color. El agua y el sol se relacionan en connivencia para alcanzar un objetivo común. El silencio, vocablo de tonalidad gris, abandona su carácter grisáceo para adjetivársele con la blancura de la luz. El silencio es un animal gigantesco que nos aplasta con sus patas múltiples cuando pedimos compañía humana a gritos desgarradores. Sin embargo, el silencio puede también convocar a la tranquilidad del espíritu, a la relajación del cuerpo y a la organización religiosa del pensamiento. El sol se alía con el agua en una propuesta de luminosidad impetuosa, mencionada en líneas anteriores. En otra parte del libro encontramos lo siguiente:

"Se exilia el corazón
la vida queda intacta
y mana y va en palabras que son luces
donde anida el recuerdo
relámpago que agota el vuelo
de esta nada". [2]

En el poema I del capítulo que lleva el mismo nombre del libro, las palabras son destellos de luz. La transformación de los acontecimientos, la definición de los

---

[1] Medellín Anaya, Arturo. *Testamento de albatros*, p. 56.
[2] Ídem, p. 118

hechos a través de la palabra, es una manera de crear luminosidad. El recuerdo es rayo de luz que parte la oscuridad del olvido, relámpago que inunda de luz la negritud de la noche, carámbano de luna que se hunde en el vientre marino. Las palabras pueden arder en su propia luz como el fuego, en sus propias lenguas que inundan las páginas de los libros. Arturo Castillo Alva dice: *"en un resplandor de fango"*. [1] Así como en la piedra, en el fango tampoco se manifiesta la luz de manera natural. Sin embargo, el poeta tampiqueño encuentra resplandores en este elemento, así como Medellín Anaya en la piedra húmeda. Aquí pareciera que las imágenes surrealistas, constantes en los textos incluidos en *Testamento de albatros*, aplicaran brochazos poderosos para defender la estética del poema. En otro poema del mismo libro puede leerse:

"Arranca mis alas de la arena
arráncame del sol". [2]

En el poema VI del capítulo "Testamento de albatros", el sol, elemento alegórico de la luz natural, representa el punto de apoyo al que la voz poética recurre para seguir adelante, para sobrevivir en el mar del silencio y la soledad. Arena y sol, elementos que sostienen la palabra de aquél que lucha para no quedar como estatua en el fondo marino.

Arturo Medellín Anaya nos conduce por espacios generosos de experiencia humana, espejos que nos de-

---

[1] Castillo Alva, Arturo. *En todos estos años*, p. 38.
[2] Medellín Anaya, Arturo. *Testamento de albatros*, p. 134.

vuelven imágenes vividas como seres humanos que somos, embarcación que naufraga en el padecimiento
abrumador de la soledad y el silencio, la ruptura y la in-
crustación momentánea a lo que ya no es, pero que fue
durante un tiempo y que conserva vestigios de aquella
luminosidad que un día tuviera otros matices anímicos.

Bibliografía:

Cardenal, Ernesto. *Vida en el amor*. Editorial Trotta. España, 2004.

Carreto, Héctor. *Antología desordenada*. CONACULTA/
ICA. México, 1996.

Castellanos, Rosario. *Poesía no eres tú*. Fondo de Cultura
Económica. México, 2001.

Castillo Alva, Arturo. *En todos estos años*. ITBA/PCF/
SEP. México, 1985.

Cross, Elsa. *Cuaderno de Amorgós*. Editorial Aldvs. México, 2007.

Elliot, T. S. *Collected poems 1909-1962*. Harcourt, Inc. EE.
UU., 1991.

Medellín Anaya, Arturo. *Testamento de albatros (fragmento de
un naufragio)*. Edición de Autor. México, 1990.

Paz, Octavio. *El mono gramático*. Galaxia Gutenberg. España, 1998.

Pound, Ezra. *The Cantos*. Editorial A New Directions
Book. EE. UU., 1993.

El tiempo y sus rostros en *Itineransias* de Juan Antonio González Cantú

Escribir con auténtica vocación lleva al hombre a la devoción de los sentidos, a la necesidad de alzarse —como antorcha olímpica— entre las muchedumbres, al proceso de reconocimiento interno para comprenderse frente al espejo. Para un hombre al servicio de las letras, la escritura es literalmente el pan suyo de cada día. La creación estética es el derramamiento de los ojos, la pronunciación del cosmos interno, el proceso de simbiosis entre el humano y el entorno. El escritor encuentra su modo de subsistir a través del texto, una subsistencia emocional, sublime, ontológica, que es la necesidad de enunciarse a través de la palabra.

Juan Antonio González Cantú (México, 1950) es escritor con auténtica vocación. Cuidadoso del lenguaje, orfebre del verso, con frecuencia circunspecto frente a la palabra, lúdico cuando es oportuno e irreverente en la invención de vocablos y conceptos. *Itineransias* es un vocablo así, inventado, descarado, exacto, neologístico como esta misma invención lingüística; pero justo y necesario para hablar de la experiencia personal y su ansiedad ante las cosas.

"Escribo para no perder la costumbre".¹

Escribir es costumbre, quehacer cotidiano en un tiempo destinado a la adoración de la palabra. Para González Cantú, el proceso de creación literaria es el trazo de un paréntesis dentro de la obligación laboral, la profundización en sí mismo para encontrar la subsistencia emocional y continuar el itinerario hacia delante.

"Tantos renglones
y ninguno".²

El escritor escribe sus versos y, al verlos con detenimiento, encuentra el vacío del pensamiento, el silencio del lenguaje, la vaciedad absoluta de los sentidos. Pero eso es escritura, las palabras que tal vez dicen todo o dicen nada, palabras que nos quitan tiempo durante el letargo del día para crear otras palabras, otros momentos de reflexión, para recrear ambientes y recrearnos como seres cambiantes, en proceso de transformación constante. El poema puede ser el conjunto de palabras escritas en un papel blanco, invisibles ante los ojos de muchas personas, visibles ante los ojos de muchas otras personas. El tiempo que se invierte para su construcción nos lo dice.

El escritor es lector por naturaleza, tal vez por mandato divino, por voluntad propia; y en el proceso de lectura se nos quedan en la mente las reminiscencias de grandes escritores que huellan la conciencia para siempre, las imágenes poderosas que nos asaltan y nos en-

---

¹ González Cantú, Juan Antonio. *Itineransias*, p. 12.
² Ídem, p. 23.

cuentran entumecidos ante la emoción crónica de haber-
las visto alguna vez:

"Percibo el tumbo de las olas". [1]

González Cantú repasa con devoción casi religiosa a
los escritores modernistas; lo hace por afición estética u
obligación laboral, tal vez él pudiera aclararlo en algún
otro momento. *Itineransias* es una colección de poemas
bellos, un conjunto de textos elegantes, poseedores de un
lenguaje lustroso, pensamiento con resplandores fuera de
lo ordinario y construcciones de arquitectura neoparna-
siana. Es su propia voz, en efecto, pero cómo no encontrar reminiscencias inconfundibles de Manuel Gutiérrez
Nájera con su poema "Para entonces" en el verso anterior; o del poema *"Non omnis moriar"*, del mismo escritor
mexicano, en el siguiente verso:

"No morirás del todo". [2]

Además del tema sobre la problemática en el limbo
de dos naciones y la filosofía que sostiene su identidad
como hombre fronterizo, el autor reverencia el tiempo y
sus rostros: sus derivados, sus variantes múltiples, en
Itineransias. Juega con el vocablo tiempo, desgaja la urdimbre de las seis letras que lo componen en diversos
elementos, manipula la misma palabra como materia
plástica para encontrar sus variantes lexicológicas: *destiempo, atemporalidad, tempus fugit, contratiempo, temporal, in-
témpora, intemperie…*

"Cuando indagué a destiempo

---

[1] González Cantú, Juan Antonio. *Itineransias*, p. 18.
[2] Ídem, p. 103.

… su estancia atemporal". [1]

En el poema "Atemporalidad", el autor recurre al manejo de la raíz del vocablo "tiempo" con el objeto de crear una sucesión de palabras relacionadas morfológicamente entre sí. El producto final es un poema lúdico donde el autor cuestiona los resultados injustos que le ofrece el paso inmisericorde del tiempo. El tema no es novedoso (recordemos el popular poema de Renato Leduc [2]) pero la manera en que se plantean los elementos y el lenguaje que se utiliza para codificar el mensaje, lo son.

"Asgo cronógrafos de arena". [3]

Las imágenes sobre la apreciación del tiempo y su fluidez son de una estética bien elaborada, pensadas con detenimiento. Es la metáfora la figura literaria por excelencia cuando se trata de crear poesía. En el verso anterior el poeta se arraiga a su juventud a través de "cronógrafos de arena". No es una renuncia al estado de madurez. Es, con simpleza total, el estado que nos aleja del momento al que nadie quiere llegar en el itinerario de la vida.

"Me fui de mi juventud". [4]

Para el autor, el tiempo simboliza también la pérdida de la juventud, la entrada al proceso de madurez que sólo otorgan los años y la experiencia. En ocasiones, con

---

[1] González Cantú, Juan Antonio. *Itineransias*, p. 52.
[2] Poema "Aquí se habla del tiempo perdido que, como dice el dicho, los santos lo lloran", Renato Leduc.
[3] González Cantú, Juan Antonio. *Itineransias*, p. 53.
[4] Ídem, p. 70.

la nostalgia de los elementos que no volverán; en otras, con la altivez de quien se enorgullece por la vivencia, la sabiduría y la completitud del hombre vivo.

"El tiempo otorga justificantes". [1]

El poeta se aproxima al romántico tema de la muerte, establece una relación estrecha con esta etapa final de la vida, donde el tiempo es el único culpable al arrojarle en brazos de aquélla que al hombre transforma en polvo. En el poema "Itinerario", el autor aborda el tema dándole al poema el tono elegíaco que, por naturaleza literaria, le corresponde.

"Dar y recibir, propone el tiempo". [2]

Aquí la voz se fortalece con la encomienda natural en el ser humano, la misión que como personas tenemos quienes formamos una sociedad. En el poema "Encuentros", el tiempo es corto para realizar acciones buenas; es necesario utilizarlo para complementarnos con quienes nos rodean.

"Hoy di vuelta al calendario". [3]

El poeta observa el paso del tiempo, su fugacidad y el vaho de espesura que queda como cortina de humo entre lo que somos y lo que fue. El hombre asume su evolución cronológica, se ubica en su sitio con los pies en la tierra. En el poema "Décimo lustro", el autor plantea esta situación connatural en el hombre y vuelve sus ojos sólo para recordar las experiencias humanas dignas

---

[1] González Cantú, Juan Antonio. *Itineransias*, p. 79.
[2] Ídem, p. 81.
[3] Ídem, p. 83.

de recordarse, aquello que es aliciente para regresar al presente y preparar el terreno que se extiende sobre los años que están por venir.

"Transitorios somos". [1]

Reincide en el tema de la fugacidad del tiempo, como lo hiciera Nezahualcóyotl en el siglo XV al contemplar la brevedad de la vida. El poema elegíaco alcanza renglones elevados de expresividad, se recrea el ambiente fúnebre de la muerte, la etapa que aguarda al ser humano en el final de los días, cuando el poeta se pinta con los colores de la nostalgia al emplear la locución latina *"Pulvis es, et in pulvis reverteris"*.

Esta es la poesía de *Itineransias*, los andares y la íntima ansiedad de Juan Antonio González Cantú, porque "el poeta es un pequeño dios" [2] que crea historia y ambientes en base a la visión personal de las cosas, el poeta-hombre que le canta al tiempo como símbolo absoluto de culminación y entrega, de consumación y de cabalidad.

Bibliografía:

González Cantú, Juan Antonio. *Itineransias*. Ediciones Lago. México, 2008.

Huidobro, Vicente. *Obra poética*. CONACULTA. México, 2003

Leduc, Renato. *Brindis a la patria*. EDAMEX. México, 1996.

---

[1] González Cantú, Juan Antonio. *Itineransias*, p. 100.
[2] Poema "Arte poética", Vicente Huidobro.

La desnuda metáfora
Reflexiones sobre *Desnuda Memoria*
de Conchita Hinojosa

El poeta es el núcleo del cosmos. Desde el centro, se asoma a los pliegues para observar realidades propias y ajenas, para crear una realidad muy personal, según su visión y experiencia con las cosas. El poeta es el eslabón encontrado, la fórmula matemática que rompe con mecanismos tradicionales, la ventana con postigos abiertos de par en par hacia los ángulos infinitos del mundo.

En el proceso de creación de realidades personales, de recreación de crónicas simples o de historias extraordinarias, el poeta se vale de figuras lingüísticas que embellecen el cuerpo literario, explora los undosos lagos de la estética para erigir los monumentos del arte, las vertientes multiformes de la desnuda metáfora. La metáfora desnuda, aquélla que muestra lo que esconde, la que habla acerca de lo que no dice, la que escucha la estridencia del silencio, la que señala los colores diversos que se encuentran en formas incoloras: la desnuda metáfora.

En *Desnuda Memoria*, la escritora matamorense Conchita Hinojosa se sumerge como sirena mitológica en aguas apacibles de la desnudez metafórica, con la firme decisión de crearse como figura y recrearse como mujer. En su poema "Desnuda", la poeta dice:

"desnuda de oscuras máscaras,
desnuda para el tacto
      de tus manos,
para que percibas la ofrenda que soy,
simple como la flor
      en tierra árida". [1]

La mujer se niega a portar máscaras que cubren la identidad, rechaza las caretas que ocultan la suavidad de algunos rostros para mostrar facciones de mujeres ficticias. La poeta se desnuda para que los ojos y las manos del mundo vean su verdadero yo, no el yo ficticio del texto estético y retórico, el verdadero yo de la mujer que ilumina y que padece el proceso de transfiguración. Se muestra "simple como la flor" ante los ojos sorprendidos del lector, con la simpleza natural de la hierba en tierras silvestres, aunque la aridez esté bajo sus pies desnudos. En el mismo poema dice:

"Desnuda para tu lengua,
para que muerdas los ángulos
      de mi alma,
para que duermas (…)
entre los senos de mi casa pálida". [2]

La poeta presenta su realidad ontológica; es decir, la realidad exacta del ser, para que se conozca su yo interior a través de los colores vivos de sus letras. La poeta

---

[1] Hinojosa, Conchita. *Desnuda Memoria*, p. 34.
[2] Ídem.

ofrece el reposo, el descanso, como ofrenda generosa para aquél que la recorre, letra a letra, hasta caer exhausto en los mares infinitos del discurso poético.

En el poema "Sueños de luna", la poeta extiende la invitación para que el lector la haga suya en el entorno literario, en la realidad literaria que envuelve los espacios vacíos entre líneas:

"*sorpréndeme con hilos de plata*
entre tus manos,
escóndeme bajo las pirámides
de Egipto,
ocúltame bajo el verde de los árboles". [1]

En una especie de flujo de conciencia, la poeta alarga sus brazos para pedir la correspondencia secreta entre la voz poética y la mudez abstracta del lector. En una intensa manifestación metafórica, ella anhela ocultarse "bajo las pirámides de Egipto", donde se guardan los tesoros milenarios de la antigua civilización. Es aquí donde la poeta se convierte en alfa y omega, en oriente y poniente, en luna y sol. Inclusive, admite la posibilidad de ocultarse bajo el color verdoso del follaje y las frondas, en una forma de pacto ilícito entre ella y el lector.

El fino erotismo está omnipresente en la desnudez de ciertas metáforas que pululan por las páginas de la obra literaria. Cuando pensábamos que todo estaba dicho en la lengua milenaria de los varones del arte poético, la voz femenina surge con la potencia dominante de

---

[1] Hinojosa, Conchita. *Desnuda Memoria*, p. 36.

las ninfas marinas y la audacia iconoclasta de la pluma rebelde para decir:

"Déjame ser gaviota peregrina
que se pose en el mástil
de tu embarcación". [1]

Con estas palabras, la mujer toma la iniciativa de los acontecimientos, se alza el estandarte de la virtud para romper con los esquemas tradicionales que acosan la iniciativa femenina contemporánea. La desnudez de la metáfora se manifiesta en acusaciones directas a la postura tradicional del hombre dentro de la relación amorosa. En el poema "Marino", la mujer alza la voz para enunciar, anunciar, denunciar la realidad circundante:

"Eres estrépito, aletear de águila". [2]

La mujer se coloca a la altura que la tradición le ha concedido al hombre. La tradición obsoleta —donde la sumisión es el esquema de la práctica cotidiana— queda transformada en humo, disipación, suspiro. La mujer habla, la mujer exige, la mujer se imposta ante los ojos masculinos para lanzar la advertencia de la igualdad de derechos.

Abogada al fin, poeta por vocación, maestra por decisión, Conchita Hinojosa se eleva en poética levitación sobre los espacios de la tierra para que se escuche su discurso metafórico, un discurso poético que viene a embellecer la creación literaria del noreste tamaulipeco.

---

[1] Hinojosa, Conchita. *Desnuda Memoria*, p. 41.
[2] Ídem, p. 43.

Bibliografía:

Hinojosa, Conchita. *Desnuda Memoria*. ALJA Ediciones.
México, 2012.

LA AUSENCIA CAÓTICA
REFLEXIONES SOBRE *MIÉRCOLES DE CENIZA*
DE ELVIA ARDALANI

La ausencia es carencia de reflejo en el fondo de todos los espejos, árbol sin hojas en medio de plazas concurridas, hojarasca convertida en polvo después del golpe impío de los años, polvo sobre párpados que se entumecen de frío en el vientre del verano. Si observamos bien, algo queda después de la ausencia: el espejo, los tallos, el polvo, los párpados. Presencia simbólica de las entidades. Las cosas que quedan permanecen a medias en el ambiente, incrustadas en el limbo delgado de aquéllos que fuimos, de éstos que somos. Durante el padecimiento permanente de la ausencia se nos hielan las huellas dactilares. El tacto se atrofia. Ya no tocamos al ser amado: lo pensamos, lo dibujamos detrás de los ojos con nuestros propios colores y trazos, lo limitamos a su parentesco con aquellas cosas que persisten a nuestro alcance. Se acaban las manos que fueron hechas para tocar rostros, para estrechar otras manos, para palpar brazos que nos abrazan como correspondencia a los labios del amor: el caos prevalece después de la ausencia. No el caos estridente que convulsiona los

183

sentidos, no el que arroja al deudo a las calles con el dramatismo vertiginoso del llanto, no el que levanta polvo y ruido y delirio y locura: el caos interior que fabrica la ausencia. La poeta mexicana Elsa Cross dice:

"Y las memorias volvieron
manchando el sol,
apresurando el negro de las aves
desde la luz alta del verano". [1]

El contraste entre el color "negro" y la "luz", fusión y confusión de la ausencia-presencia, contraposición de elementos diferentes, estructura bipartita que se funde para conformar ese caos interior cuando llega la ausencia definitiva. Se van todos los elementos palpables con la persona que se va, aquélla que se despide de su nombre terrestre para adoptar otro de características abstractas, relacionado más bien con la herencia y la memoria. Quedan aves negras acechando los pasos entorpecidos de quienes permanecen, de aquéllos que padecen el estropicio fulminante del acontecimiento, esperando palabras para picotearlas hasta provocarles la muerte. Queda el recuerdo después de la ausencia, la ausencia física para ser más preciso, objeto central en estas reflexiones en ningún momento dogmáticas.

Elvia Ardalani es poeta en toda la dimensión de la palabra, si es que la palabra se funde en diversas dimensiones. En *Miércoles de ceniza*, poema fragmentado en varios momentos que narran lo que queda después de la

---

[1] Cross, Elsa. *Nadir*, p. 55.

muerte de su padre, la escritora matamorense abre la puerta de su casa —tatuadas de esa ausencia impredecible las paredes interiores— para hablar de un hombre importante que la hunde en el caos ontológico después de irse, así, irse para siempre, irse de este espacio físico llamado vida, dejando libros, papeles, sillas, vitrinas, jarrones, ventanas, puertas, dejando los objetos de su casa en absoluto orden.

"Muerto eras una sombra de nueces tiradas sobre el césped disputada por pájaros e insectos". [1]

La muerte, esa ladrona que entra en las casas por la puerta principal sin habérsele invitado y se sienta en el sillón más cómodo de la sala para aguardar a quien le llegue su hora. Para Elvia Ardalani, el padre muerto es —entre muchas otras cosas con las que se le relaciona a lo largo del poema— una sombra, no un cuerpo. El cuerpo era aquello que vibraba con el movimiento cadencioso de la respiración, aquel campo fértil, irrigado por el torrente luminoso de la sangre. Al acabarse la vida queda una sombra, no importa la sonoridad estética de las nueces disputadas por *"pájaros e insectos"*, imagen bella que denuncia la importancia colmada de raíces de aquél que ya no es. Xavier Villaurrutia dice:

"De qué noche despierto a esta desnuda noche larga y cruel noche que ya no es noche junto a tu cuerpo más muerto que muerto". [2]

Para el escritor mexicano, la muerte se emparienta

---

[1] Ardalani, Elvia. *Miércoles de ceniza*, p. 53.
[2] Villaurrutia, Xavier. *Obras*, p. 50.

185

con las intermitencias de la noche. Ambos eventos se enlazan como eslabones poderosos que no pueden desprenderse uno de otro con la sola fuerza de las manos. La muerte del ser amado —ya sea la pareja, ya la madre, el hijo, el padre en este caso— hunde en el naufragio desolado a la persona desolada, avienta su humanidad sin minúsculo remordimiento a las lenguas de la noche, condena sin miramientos de ninguna índole a una condena infinita, a una peregrinación que no conduce a la absolución del pecado. Para Ardalani, la muerte se emparienta con la luz, se funde con la lírica luminosidad de los objetos, con la claridad que llega como aliento suave desde los astros; la muerte se entrelaza en experimento químico con el reflejo del sol que invade los espejos:

"más lúdico   más brotado de azaleas
más brillante que un trozo de espejo tirado a pleno sol". [1]

El cuerpo muerto del padre no es la noche, no oscuridad que cubre todo con sus mantos repletos de ebriedad, no contorno lleno de negritud en las fauces de la negritud misma, sino sombra luminosa que abarca la superficie de los ojos, haz brillante en medio de habitaciones ocupadas, temblorosa de fulgores no lívidos sino impetuosos, sombra dolorosa de destellos innombrables:

"imperecedero en el choque violento de la luz y la sombra
del cerebro que pulsa y el corazón que se detiene". [2]

Aquí la sombra adopta un concepto distinto al que

---

[1] Ardalani, Elvia. *Miércoles de ceniza*, p. 38.
[2] Ídem, p. 29.

presentan en sus páginas los diccionarios. La realidad se metaforiza, se corona con un halo de surrealismo, se convierte en acontecimiento abstracto. La sombra no es ya mancha oscura sino destello luminoso; sombra cuyo fulgor incomprensible se asienta sobre rostros que se inmovilizan ante el impacto de la pérdida, resplandor único que penetra por ventanas decoradas con cortinas delgadas y transparentes para descansar sobre sábanas blancas, sombra aromatizada con el simbolismo innegable en la figura amada del padre:

"y a tu cuerpo caído sobre el ónix de sombra
llegaba de alguna forma inexplicable un resplandor". [1]

Ante la muerte que sorprende a sus discípulos, el ser humano se petrifica bajo el rigor de su propia voluntad: se construye una coraza sólida para protegerse del fuego que amenaza la plenitud del rostro. Por instinto básico, el ser humano se defiende para subsistir, envuelve su humanidad con una capa fuerte que atenúa el daño. Dentro del inmenso dolor ante la pérdida del ser amado yace el autoconsuelo, aquél que empuja a quien permanece vivo para continuar hacia adelante. Dice Vicente Huidobro:

"Nadie le vio morir". [2]

El escritor chileno habla de la muerte de aquél a quien nadie vio morir, el que murió entregado al vientre de la soledad, sin ojos cercanos que atestiguaran el desdoblamiento del último suspiro, sin manos piadosas que

---

[1] Ardalani, Elvia. *Miércoles de ceniza*, p. 61.
[2] Huidobro, Vicente. *Obra poética*, p. 18.

cerraran sus ojos en el momento final. Así Elvia Ardalani lo denuncia en su poema. Al padre que muere nadie lo vio morir.

"Nadie en el último momento   nadie
tu perro   tu periódico   el televisor
la noche más distante que nunca   una taza con algo de café". [1]

Objetos, mascotas, la taza de café, pero nadie. A veces, para llegar a la soledad definitiva, el hombre se llena de soledad de manera voluntaria, se aparta y se parte para enfrentarse con la enemiga de todos, aunque en algún lugar del mundo decenas de personas nos amen con locura, devoción y desvarío. La muerte sorprende sin reconocérsele el rostro de amiga-enemiga y nadie se da cuenta de su invasión repentina hasta que morimos, hasta que cerramos los ojos como víctimas ante el victimario para no abrirlos más. Después de la muerte llega la ausencia, aquel vacío en el centro del pecho que dificulta la entrada de oxígeno a los pulmones. Y enceguece a medias —imágenes borrosas invaden la retina— y enmudece a medias —palabras que se atoran entre los dientes y la lengua— a quienes padecen el desequilibro emocional, el insulto del despojo.

"Llevo tu ausencia como un hijo muerto". [2]

La partida prematura de los hijos debe ser un dolor sin palabras para describírsele. Ardalani padece la muerte de un hijo en la muerte de su padre. No se sabe en qué momento la muerte aguarda con su paciencia de

---

[1] Ardalani, Elvia. *Miércoles de ceniza*, p. 59.
[2] Ídem, p. 49.

hielo en la sala de las casas, oculta detrás de la puerta, con su sonrisa maléfica debajo de las camas. No se sabe. A veces la traemos con nosotros como pensamiento obsesivo, difícil de apartársele para no envenenarnos con su pestilencia imperceptible; tan cerca de nosotros, que nos asalta en cualquier instante como puta ofreciendo los servicios sarcásticos de su cuerpo descarnado. Dice Neftalí Beltrán, el poeta veracruzano:

"*Vivimos nuestra muerte cada día,*
cada hora que pasa, cada instante". [1]

La muerte, indeseada compañera que no nos abandona en ningún momento, que nos vigila a toda hora y en todos los espacios. No sabemos qué tan cerca merodea porque esa pestilencia que lleva no es identificada por el olfato humano, no sentimos su respiración detrás de los hombros porque tal vez se le confunde con el viento. Ardalani desconoce el momento de la muerte de su padre. La muerte no se anuncia; entra por la puerta arrasando todo con su furia de invasora maldita. Algunas veces la vemos venir con su sonrisa malévola, se la presiente, se la reconoce cuando la anuncia la debilitación del cuerpo por causa de la enfermedad. Pero Ardalani no la ve venir. Los asuntos cotidianos, sucesión de eventos hasta cierto punto rutinarios, no le muestran el acecho de la muerte. Tal vez su padre tampoco sabe que se acerca el momento final en su camino:

"*te vi marcharte en tu auto   despacio como siempre*

---

[1] Beltrán, Neftalí. *Poesía (1936-1996)*, p. 32.

189

no volteaste a mirarme   creo que no sabías
yo tampoco sabía que llevabas la muerte amarrada a la cintura
como un suéter oscuro". [1]

El *suéter oscuro* simboliza la puerta que se cierra para siempre. Se la trae —a la muerte— desde el nacimiento, ensartada con sus agujas de fuego en el cuerpo, adherida como cruz sobre la frente en señal constante de pecado, como prenda común de la que jamás el ser humano se despoja. Ardalani desconoce el momento en que la muerte se presenta para concluir el ciclo de quien la enfrenta, todos ignorantes de su llegada para apoderarse del cuerpo. No queremos clausurarnos en esas celdas oscuras de cárceles vacías, sin reos, abandonadas, de las que habla en su poema.

"muerto eras una cárcel vacía y clausurada
con sus ventanas rotas por donde el sol penetra calando telarañas
una cárcel sin reos en donde sólo quedan las pautas del dolor
*   iluminadas".* [2]

La imagen poderosa de la *cárcel vacía*, lo inimaginable por ilógico. El sol luminoso, las pautas iluminadas: la muerte del padre no es oscuridad sino luz. Los seres humanos nos colocamos una venda en los ojos cuando pensamos en la muerte. Nos enceguecemos por conveniencia propia. No queremos ni pensarla. El hecho de pensarla nos estremece. Nadie desea perder para siempre al ser amado. Y ante el momento que nos cubre con su frialdad de lápida, nos aferramos al madero que salva

---

[1] Ardalani, Elvia. *Miércoles de ceniza*, p. 41.
[2] Ídem, p. 53.

de morir en el naufragio. Es decir, nos abandonamos a la idea que nos permite continuar respirando. El poeta chiapaneco Jaime Sabines dice cuando muere su padre:

"No podrás morir.
Debajo de la tierra
no podrás morir". [1]

Ardalani está convencida de los acontecimientos. Sólo le queda encarar a la muerte con dignidad y entereza. Deja, en el estrépito escondido del dolor, que las cosas fluyan en su mismo cauce. Su postura ante la muerte es distinta a la postura de Sabines. La idea de que el hombre amado permanece vivo no es fijeza en su cerebro ni en sus actos cotidianos; sabe bien que la esencia de su padre no es ya de este mundo:

"aunque a veces parezca que nos hablas
y son las hojas de un cuaderno
aunque a veces creamos escucharte caminando
y es la casa y sus ruidos que intentan sustraerte". [2]

La voz poética de Elvia Ardalani se abandona a los hechos que le hacen recordar para siempre el significado objetivo de la ceniza y de los miércoles. Comprende el rumbo invariable de los acontecimientos. No los cuestiona con la voz desgarradora del melodrama, sino que su dolor se estanca cuerpo adentro. Se prepara para la ausencia caótica, natural ante la disipación física de quien ha sido piedra angular en la edificación de su vida. Lamenta no haber aspirado el último suspiro del padre,

---

[1] Sabines, Jaime. *Antología poética*, p. 360.
[2] Ardalani, Elvia. *Miércoles de ceniza*, p. 63.

eso sí, pero no se hermana con las campanas que tañen para anunciar, como lo hacen ellas en las torres de las iglesias, el dramatismo convulsivo de la muerte.

En *Miércoles de ceniza*, Elvia Ardalani nos presenta el caos que queda después de la muerte, sin llegar a postrarse sobre la tierra con la debilidad del llanto ni la flagelación ante este evento. Llora, sí, pero no humedecen sus lágrimas las páginas de este libro; más bien un dolor discreto, valiente. Pero al fin, dolor. Sufre, sí, pero no se atormenta con la posesión voluntaria de la culpa ni del látigo; más bien un llanto de hija plena que disfrutó aquello que tuvo entre sus manos, ahora vacías de cuerpo de padre, pero llenas de memoria.

Bibliografía:

Ardalani, Elvia. *Miércoles de ceniza*. Miguel Ángel Porrúa. México, 2007.

Beltrán, Neftalí. *Poesía (1936-1996)*. Instituto Veracruzano de Cultura. México, 1997.

Cross, Elsa. *Nadir*. Conaculta. México, 2010.

Huidobro, Vicente. *Obra poética*. Conaculta/Fondo de Cultura Económica. México, 2003.

Sabines, Jaime. *Antología poética*. Fondo de Cultura Económica. México, 1994.

Villaurrutia, Xavier. *Obras*. Fondo de Cultura Económica. México, 1953.

LOS COLORES DE LA POESÍA
DIRECCIÓN OPUESTA DE NORAILIANA ESPARZA M

La poesía se manifiesta a través de diversos colores. Se cuela por nuestros ojos —por el oído, cuando el texto es leído por otra persona— para dispersarse en el cerebro y que sea posible, no sólo comprender, sino sentir los estados emocionales, físicos, anímicos y vivenciales de quien busca maneras de comunicación efectiva con los lectores. Cuando la pintura es una técnica dominada por el poeta, se logra sin mayor esfuerzo una fusión viva, vibrante, entre la palabra y los trazos y los colores, como en este caso.

Entrar en las páginas de *Dirección opuesta* (ALJA, 2013) de la escritora mexicana NoraIliana Esparza M es presenciar esa fusión innegable entre ambos códigos de comunicación artística. El predominio del rojo en sus páginas es una constante que utiliza con determinación: hablamos del rojo de la pasión, las experiencias de la carne, los senderos del deseo, tonalidades enervantes que conducen al tema del amor. Así es posible verlo en varios de los apartados que componen la estructura interior del libro: "Poemas ligeros", "Sensual", "De la palabra" e "Interactividad", los cuales comprenden más del cincuenta por ciento de sus páginas. Dice la voz poética en el poema "Tengo", incluido en el segundo apartado o capítulo:

"el ombligo
orificio que inundaste
de saliva" [1]

La sensualidad es ardiente, pero no obscena, no morbosa ni extravagante; es, más bien, un ritual femenino de insinuación, de propuesta para la conjugación de los sentidos, una manera húmeda de rendirle homenaje poético a la geografía de los cuerpos.

El color azul, a veces oscurecido con la presencia del color negro, tiñe los textos incluidos en el apartado "Cotidianas", donde la autora pinta su experiencia con la familia, las despedidas inconclusas, los encuentros, los asuntos cotidianos que circundan los pasos de quien escribe: un caudal de nombres propios, alusiones directas o indirectas a ciertas ciudades, el estigma crónico de la violencia, conjunto armónico —en ocasiones, inarmónico— de estampas fotográficas que iluminan —u oscurecen— las calles solitarias de la ciudad, las paredes de habitaciones vacías, los ángulos dúctiles de la crónica diaria transformada en poesía.

"Hoy nadie vino a verme,
el frío no da tregua a las balas". [2]

Sin ser protagonista, la realidad que se vive en el país aparece como espacio simbólico en el andamiaje del

---

[1] Esparza M., NoraIliana. *Dirección opuesta*, p. 34.
[2] Ídem, p. 78.

texto poético, esa realidad social que acongoja a los seres humanos y que marca sus rostros para siempre. El discurso poético en esta sección no es grato, ni siquiera amable, sino melancólico hasta los huesos, tatuado por ese sentimiento de completitud no alcanzada que agobia a quienes padecen, como cáncer en los territorios de la piel, los resultados de esta agitación social.

En "Arcaico", con la tonalidad gris marcada por la melancolía, la autora aborda el papel de la mujer en la sociedad, su posición en las multitudes, su lugar dentro de la familia, los cánones tradicionales en relación con la postura moderna de la mujer, nunca abanderando el feminismo excesivo u obsesivo, no, sino como defensa absoluta de la equidad de género y la prevalencia de la justicia.

En el apartado "De insurrección", cubierto por la generosidad del color verde, se manifiesta la voz que sale en defensa de quienes no tienen voz, la que señala acontecimientos sociales en detrimento de la persona; es decir, la mujer que tiene presencia en el funcionamiento social, la mujer que sale a las calles para apoyar los movimientos sociales, la mujer que lucha por los demás y no espera, sentada, a que los eventos ocurran por sí solos, la mujer que vela por la tranquilidad en el hogar de sus ancestros: la mujer que hace que los eventos ocurran.

En su poema "Adicción", incluido en el apartado "De dolor", con la confianza de quien se sabe orfebre del lenguaje, la autora propone:

195

"vivo perdida
entre la piel del día
oscurecido por tu ausencia
quizá oculta entre anónimas vaginas" [1]

Aquí, la voz poética adopta una tonalidad gris, por momentos, violenta; una voz firme que manifiesta los estragos que le heredan al cuerpo las acciones de los monstruos interiores, una voz que es el reflejo de la oscuridad y de la niebla, de la carencia y de la soledad; entonces se manifiesta la empatía hacia el padecimiento, hacia la vaciedad que inunda la superficie de los espejos.

Dirección opuesta, el primer libro de NoraIliana Esparza M, es una oportunidad para conocer, no sólo a una autora muy humana, sino a una mujer que padece el dinamismo de la vida, una voz que vibra, un par de ojos bellísimos que lloran las lágrimas propias y las de otros; una mujer que lucha bajo los resplandores diarios, una presencia sólida que sale de su aparente debilidad, mujer que no sólo dice sino que hace; una mujer que es sensible pero, a la vez, una mujer de pensamientos claros y de palabras claras.

Bibliografía:
Esparza M., NoraIliana. *Dirección opuesta*. ALJA Ediciones. México, 2013.

---

[1] Esparza M., NoraIliana. *Dirección opuesta*, p. 107.

No sólo insectos en *Insectarium* de Santiago Daydí-Tolson

Los insectos han sido objeto de poetización en el andamiaje generoso de la historia de la literatura universal. Compañeros de siglos para el ser humano, los insectos han sido figuras recurrentes no sólo en la literatura sino en la plástica de grandes artistas universales, tales como Salvador Dalí o Frida Kahlo. Con simbologías diversas de acuerdo a sus hábitos y apariencia, estas criaturas diminutas son pretexto recurrente entre poetas para vincularlos con la pequeñez humana; en otras ocasiones, con el propósito de destacar sus acciones y rutinas en relación con el comportamiento del individuo; o sencillamente para realizar una descripción de características y costumbres del insecto, los elementos que componen su hábitat, el entorno en que se desenvuelven, su productividad o, inclusive, el proceso de apareamiento donde el macho se expone a morir felizmente en manos de una hembra dominante.

En la obra *Insectarium* (ALJA Ediciones, 2014), Santiago Daydí-Tolson nos presenta una colección de insectos ortópteros como el saltamontes o el grillo, himenópteros como la abeja o la avispa, neurópteros como la hormiga león, coleópteros como el escarabajo o la luciérnaga, y lepidópteros como la mariposa o la polilla, entre otros con características específicas identificadas sólo por los entomólogos dado su oficio cotidiano; asimismo, Daydí-Tolson agrega textos poéticos donde arácnidos de diversas especies se proyectan como elementos protagónicos. En este universo poético del autor confluyen las características de los insectos y la visión personal del hombre dada la ocasión del encuentro entre ambos, el nacimiento de la metáfora luego de la contemplación maravillosa de la criatura.

El poeta, chileno también, Vicente Huidobro, dice:

"*¡Oh, la araña negra, la mala suerte!*
La fosca anunciadora de la muerte.
Las que crían las Parcas en su pelo,
Las que escuchan al tiempo arrastrarse por el suelo".[1]

Las arañas son algunas de las criaturas más repulsivas para los seres humanos, en especial, aquéllas con carácter agresivo o de naturaleza venenosa. Huidobro reitera la repulsión que despierta este animal en particular. Aquí, esa descripción de la criatura rastrera vinculada con la experiencia humana durante el encuentro entre ambos, el simbolismo de su color relacionado con la muerte, las características de su desplazamiento. Es motivo de inquietud, a veces de horror, de alteración en el sistema nervioso de algunas personas, coincidir con el desplazamiento ligero de alguna criatura de largas patas

---

[1] Huidobro, Vicente. *Obra poética*, p. 164.

sobre las paredes de la casa en su intento de huir del chanclazo que le provocaría la muerte; o sentir cómo se eriza la piel ante la visita intempestiva de una tarántula que huye de la lluvia para refugiarse en el área seca del porche de la casa. A propósito de la araña, con un tono análogo al de su compatriota, Daydí-Tolson dice en su poema "Segunda araña":

"Oscuro el beso se confunde
y en el tacto fugaz,
en el abrazo, la negra esposa,
muerde, ya viuda, y enreda:
bebe del cadáver
del vencido esposo".[1]

Como si tuviéramos una lupa frente a nuestros ojos, el poema es un acercamiento meticuloso al asesinato de la araña macho que, luego de ser llevada de la pata delantera hasta el laberinto inexplicable de su muerte, sirve de banquete exquisito para su cómplice de amores. ¿Es ése el precio justo a su instinto natural para encontrar un poco de felicidad dentro de su arácnido universo? Paradojas inexplicables. Tal vez por la lectura de fábulas clásicas, donde animalitos de características varias son los personajes que representan conductas humanas, esta práctica de canibalismo, común también entre otros insectos de diversas especies, está destinada a despertar esa acumulación de horror desconocido al relacionarla con las veredas —muchas veces incomprensibles— de

---

[1] Daydí-Tolson, Santiago. *Insectarium*, p. 50.

la vida humana.

En el caso particular de la abeja, por otra parte, en el poema número dos de "Dos poemas", la escritora mexicana Rosario Castellanos dice:

"En mi casa, colmena donde la única abeja
volando es el silencio,
la soledad ocupa los sillones
y revuelve las sábanas del lecho
y abre al libro en la página
donde está escrito el nombre de mi duelo".[1]

Aunque la abeja es un insecto simpático para los seres humanos, dada la fidelidad de su servicio y la generosidad de su producto, en el poema de Castellanos se le emparienta con la soledad de quien habita el espacio vacío entre las cuatro paredes de la casa, que es la colmena. Es evidente que en este poema la poeta mexicana no hace una descripción del insecto, sino que utiliza su imagen para establecer un vínculo de notoria precisión con el estado anímico que padece; la voz poética recurre a las características naturales del insecto para hablar sobre su estado emocional a raíz de la vivencia un tanto infortunada. Así como puede verse en el texto de Castellanos, otros poetas recurren a la imagen de cierto insecto para crear un paralelismo entre el insecto mismo y el estado anímico o las acciones del poeta. Sobre la abeja, Daydí-Tolson dice en "Abeja alrededor":

"Vibra en el aire de la tarde tibia

---

[1] Castellanos, Rosario. *Poesía no eres tú*, p. 60.

el vuelo de l'abeja exploradora".[1]

En ambos poemas se habla del vuelo de la abeja, su vibración apenas perceptible en el espacio, el sonido de sus alas en movimiento al chocar con el aire. Mientras en el primer caso se recurre a la imagen del insecto con el propósito de señalar el caos interior, la soledad que se hunde en la piel para levantar su casa, el vacío que se abre como puerta hacia laberintos abstractos, en el segundo se describe su vuelo natural sin referencia explícita a estados anímicos ni incertidumbres que aquejen la vida de quien habla en el poema.

Otro insecto recurrente en la poesía es la mariposa, el proceso de su evolución, la belleza física de sus colores luminosos y su vuelo agitado. El poeta mexicano Octavio Paz dice en su poema "Ejemplo":

"*La mariposa volaba entre los autos […]*
La mariposa no dudaba:

volaba".[2]

Una descripción sobre el movimiento natural del insecto, no en la apertura benéfica del campo, no en ese espacio donde abundan arbustos y flores que nos ofrecen los bosques, sino en la agitación cotidiana de la ciudad, vuelo de movimiento poético para aquél que tiene la capacidad de observar los pequeños detalles que pueblan los rincones del universo. Paz exalta la cadencia del vuelo, la levedad de la criatura para desplazarse aun entre automóviles. La simpática criatura, indefensa, dimi-

---

[1] Daydí-Tolson, Santiago. *Insectarium*, p. 71.
[2] Paz, Octavio. *Obra poética II (1969-1998)*, p. 100.

nuta, frente a uno de sus peores enemigos: el automóvil. Por otro lado, también a propósito de la mariposa, la poeta mexicana Elsa Cross dice en el poema 2 de "La presencia":

"Enjambres de mariposas se levantan, como hojas de castaño,
el polvo

de sus alas llena el aire".[1]

Para Cross, la mariposa es una representación gráfica de las hojas de castaño; la levedad de ambas para moverse en los brazos del viento es, digámoslo de esta manera, el punto central que se percibe en estos versos. De la contemplación de paisajes, de la apreciación de ambientes naturales, se nutre casi la totalidad de la propuesta poética de Cross. Por esta razón es frecuente encontrar no sólo mariposas con sus colores vivos e inquietantes, sino el canto de cigarras, los destellos de luciérnagas o el zumbido de abejas en varios de sus libros.

Sobre este insecto lepidóptero —uno de los favoritos de los poetas de todas las épocas—, Daydí-Tolson nos dice en su poema "Otra vez la mariposa":

"La mariposa se posa
de sol en flor,
floriposa volandera
de pétalos tornasol".[2]

Aquí, el escritor chileno recurre a la manipulación casi plástica de las palabras, la magia incorruptible que se genera en el ritual que antecede a la comunión con el

---

[1] Cross, Elsa. *Cuaderno de Amorgós,* p. 52.
[2] Daydí-Tolson, Santiago. *Insectarium,* p. 95.

lenguaje; es digno de señalar el efecto sonoro de la trasposición silábica para —en una especie de neocreacionismo— construir una propuesta lúdica al hablar de la mariposa. La poesía también es ocasión para posesionarse del lenguaje, adoptarlo como hijo legítimo, manipularlo al antojo para dar paso a los efectos eufónicos de las palabras, las múltiples ventanas que se abren al conectar vocablos de una u otra manera.

El autor chileno crea imágenes extraordinarias a propósito de luciérnagas, escarabajos, mantis, grillos y libélulas, inclusive de moscas o moscardones, tarántulas, alacranes y cucarachas, bichos repulsivos éstos entre las muchedumbres. Abrir las páginas de *Insectarium* es una oportunidad inaplazable para reconocer los diversos patrones de la belleza, no sólo de estos seres vivientes diminutos —por lo general, ignorados— sino de un lenguaje depurado, con palabras utilizadas en el momento justo, sin términos de más ni de menos en cada uno de los versos, un lenguaje estético que nos acerca más a la apreciación del discurso de un escritor que evidentemente lee y conoce el proceso de creación poética.

Bibliografía:

Castellanos, Rosario. *Poesía no eres tú*. FCE. México, 1972.

Cross, Elsa. *Cuaderno de Amorgós*. Editorial Aldus. México, 2007.

Daydí-Tolson, Santiago. *Insectarium*. ALJA Ediciones. México, 2014.

Huidobro, Vicente. *Obra poética*. Signatarios del Acuerdo Archivos. Francia, 2003.

Paz, Octavio. *Obra poética II (1969-1998)*. FCE. México, 2004.

La brevedad contundente
Aproximación a Fugaces/Flashes
de Edna Ochoa

Brevedad y concisión: nada falta, nada sobra. El poema se desnuda en un suave movimiento, se despoja de adjetivos innecesarios por ser innecesarios. El poema brilla como debe brillar sin revivir tendencias de siglos anteriores. La sintaxis fluye con la contundencia de lo que tiene que decirse sin palabras de más ni de menos. Cuando nos encontramos con poemas que dicen lo suficiente nos alegra habernos encontrado con poemas tales.

Dice Octavio Paz en *El arco y la lira*:

En el seno de la poesía *"se resuelven todos los conflictos objetivos y el hombre adquiere al fin conciencia de ser algo más que tránsito"*.[1]

En *Fugaces/Flashes* (ALJA Ediciones, 2018), la poeta mexicana Edna Ochoa tiene conciencia plena de que a este mundo no sólo se viene a transitar sino a dejar algo significativo a su paso. La poeta construye ese universo lírico de brevedad, precisión y estética, vinculados con

---

[1] Paz, Octavio. *La casa de la presencia Poesía e historia*, p. 41.

205

los elementos que componen su cotidianidad y su experiencia, su percepción de la vida y su no-percepción de las cosas.

Dice Ochoa en su poema 7:

"*Se desgasta tu imagen*
dato inverosímil
en la memoria de la piel".[1]

Aquí el paso del tiempo que anuncia el título, aquí la levedad y la ligereza de las cosas, aquí los pasos cotidianos —erráticos, a veces— de los relojes por los caminos del mundo. La memoria es la llave que abre las puertas del poema, la ventana que le permite al poeta visualizar el pasado para recrearlo en el presente poético, éste que se denuncia aquí y ahora. Fugacidad y memoria, asociación bipartita para la construcción del poema.

Más adelante, en el poema 10, Ochoa dice:

"*Yo no espero nada sino el cajón más triste y roto de la noche*
insomnio como espejo corriente
donde todo se deforma".[2]

Aquí el insomnio, ese momento sagrado de comunión con las musas; tal vez con el trabajo y la disciplina, pensarán algunos. Poseída en una especie de surrealismo, la palabra se dibuja sobre la página para crear una obra de arte visual. Los espejos, presentes en algunos poemas a manera de reiteración, buscan fijar las imágenes frente a su naturaleza de fugacidad sobre las paredes.

---

[1] Ochoa, Edna. *Fugaces/Flashes*, p. 15.
[2] Ídem, p. 18.

En su poema 14, Ochoa dice:

"Los espejos recuerdan el infierno
no envejecen nunca
son el Ojo de Dios
disfrutando nuestra hora".[1]

Irremediablemente los espejos se vinculan con el tiempo, ya sea para señalar esa transitoriedad mencionada antes o para denunciar la posibilidad de congelar en una especie de imagen fotográfica las particularidades del presente, los rostros que sin poderlo evitar cambian su textura al paso impío de los años. Los espejos "son el Ojo de Dios" que nos mira en nuestra trayectoria por el mundo, en búsqueda de otros y de nosotros mismos.

En el poema 46, Ochoa dice:

"Vi la mañana llena de luz
y no hay verdad más sencilla
que el solo verso que vuelve a cantar
Vi la mañana llena de luz".[2]

Este poema me hace pensar en uno de mis textos favoritos de la poeta mexicana Elsa Cross, cuando dice en el poema 8 de "La noche" en su libro Cuaderno de Amorgós:

"La luz entreabierta se descuelga, baja, retrocede sin mostrar-
se—".[3]

Ambos poemas se vinculan con el universo sensorial. La efectividad se duplica puesto que se abre una es-

---

[1] Ochoa, Edna. *Fugaces/Flashes*, p. 22.
[2] Ídem, p. 54.
[3] Cross, Elsa. *Cuaderno de Amorgós*, p. 18.

pecie de contenedor mágico para que el lector "vea", a través de la palabra, esa luz que mencionan ambas poetas. Imaginemos tocar el silencio a través de la palabra, saborear frutos exóticos a través de la palabra, oler aromas exquisitos a través de la palabra, ver un haz luminoso —como en estos casos— a través de la palabra. Son frecuentes las imágenes sensoriales en *Fugaces/Flashes*, técnica efectiva utilizada por muchos escritores.

Lo sensorial no sólo se manifiesta a través de la luz. En el poema 66, Ochoa dice:

"Un fulgor delinea tu cuerpo
de mirarte más
ahondo y toco ese silencio que te envuelve por instantes
quién eres más allá de este amor que nos asfixia".[1]

Tocar el silencio. No sólo es ésta una imagen que va más allá de lo real sino que la poeta crea esa ventana que nos permite ver hacia afuera, ese espejo que no nos regresa nuestro rostro sino el rostro de alguien que se fragmenta, de un elemento indefinido que se disipa, de una entidad que se rompe en pleno movimiento. La imagen sensorial que se involucra con la asfixia en ese afán de mover y de conmover a quien lee, a quien escucha.

Dice Ochoa en su poema 94:

"Flor de cilantro
filigrana
maravillosa sensación de lo minúsculo".[2]

---

[1] Ochoa, Edna. *Fugaces/Flashes*, p. 74.
[2] Ídem, p. 102.

Sin ser un haikú, el poema de Ochoa nos lleva invariablemente a esta estructura poética. La brevedad como verdad absoluta, no sólo en este poema, sino presente a lo largo del libro. Lograr la concisión del discurso poético no es tarea fácil; es, mejor dicho, difícil, ya que en unas cuantas palabras debe reunirse todo el universo del poema. Éste es uno de los poemas más bellos, desde mi perspectiva, en esta obra literaria.

Con el propósito firme de experimentar con el tiempo, la experiencia humana, esa fugacidad de un estado a otro, con tonos que van desde lo elegíaco hasta la plenitud emocional, Edna Ochoa nos entrega sus *Fugaces*, esas deducciones vivenciales y emotivas como un recordatorio de que la belleza estética también puede encontrarse en la brevedad.

Bibliografía:

Cross, Elsa. *Cuaderno de Amorgós*, Aldus. México, 2007.

Ochoa, Edna. *Fugaces/Flashes*, ALJA Ediciones. México, 2018.

Paz, Octavio. *La casa de la presencia Poesía e historia*, FCE. México, 1994.

Hagamos un teatro

CONTRADICCIONES Y CONFLICTOS
DE LA MUJER EN *EL ETERNO FEMENINO*

Una de las mujeres más sobresalientes en la literatura mexicana contemporánea es Rosario Castellanos. Nace en Comitán, Chiapas, en 1925 y muere bajo el signo de la tragedia en la ciudad de Tel–Aviv en 1974, siendo embajadora de México en la ciudad de Israel. Entre sus novelas destacan *Balún Canán*, publicada en 1957, *Oficio de tinieblas* (1962), ambas con interés especial en la comunidad indígena de Chiapas, y *Rito de iniciación*, escrita poco antes de su muerte, pero publicada hasta 1996. Sus cuentos se reúnen en libros como *Ciudad Real* (1960), *Los convidados de agosto* (1964) y *Álbum de familia* (1971). Además de publicar sus ensayos en diversos periódicos de circulación nacional, reúne algunos de ellos en *Mujer que sabe latín* (1973). Tal vez el género más representativo de su obra es la poesía donde destacan *Poemas: 1953-55* (1957), *Lívida luz* (1960) y *Poesía no eres tú* (1972). Además, Rosario Castellanos escribió tres piezas dramáticas: *Salomé* (1959), *Judith* (1959) en donde el aspecto distintivo es el despliegue poético y *El eterno femenino* (1975), farsa objeto de este estudio.

El eterno femenino surge a raíz de un encargo de la actriz Emma Teresa Armendáriz y su esposo, el director teatral Rafael López Miarnau, a quienes se les dedica la obra. Éstos observan en la narrativa de Castellanos un trasfondo ideológico adecuado para la creación de una obra de teatro distinta y *ad hoc* a la época de los setenta, además de una vena humorística que podría tomar un interesante rumbo en el teatro. Castellanos le asegura al matrimonio colaborar en la investigación para que un dramaturgo —ella no se consideraba tal— le diera la estructura dramática final. Pero al involucrarse con la situación y sus personajes, y durante su estancia en Israel, Rosario Castellanos le da forma a su pieza dramática más representativa. En ella plantea los problemas de ser mujer en un mundo condicionado por varones.

Si bien es posible encontrar angustia, flagelación, sufrimiento individual, zozobra y desesperanza en su poesía; o bien, ira producto de injusticia y atropello de víctimas en su narrativa, surge en su teatro una condición opuesta, en definitiva: jovialidad y un trayecto situacional ameno. En los protagonistas de *El eterno femenino* se observan imágenes estereotipadas de vírgenes inocentes, esposas teñidas por la pasividad, mujeres analíticas, "abnegadas" madres de familia y verdugos implacables.

Si nos adentramos en el lenguaje empleado en *El eterno femenino* podemos apreciar el virtuosismo de la estética, la cual domina con maestría dada su trayectoria como poeta, el acento capitalino en voces y expresiones populares en ciertos personajes, costumbres, tradiciones, ritos, creencias y supersticiones. En ese lenguaje habita el ingenio, la luminosidad, la chispa que detona la carcajada donde se ahoga el sollozo impotente ante la patética situación de la mujer de México:

"Prostituta: Chócala. Oye ¿y cómo viniste a parar en esto?

Lupita: (Despreocupada) Pura onda. Desde chiquita me gustaba darle vuelo a la hilacha, y una vez que ya no tuve respeto de padre agarré y dije: ya vas". [1]

Es posible observar que las acotaciones escénicas carecen de la frialdad que indica al actor actitud y coreografía, sino que proyectan el hábito de la narrativa al ser descriptivas y humorísticas porque la autora también piensa en el lector:

"… vemos a Lupita convertida, por fin, en una típica cabecita blanca. Para ser Sara García no le falta más que hablar". [2]

En *El eterno femenino*, Castellanos apunta con lenguaje ágil y humorístico contra la hipócrita complicidad de hombres y mujeres que insisten en ubicarse dentro de un *status quo* del que ambos pretenden obtener ventajas y provechos. Las mujeres establecen la necesidad de hallar "otro modo de ser humano y libre". [3]

Un análisis más detenido sobre la temática nos conduce a la existencia de marianismo y machismo en la obra. Existen diversas concepciones sobre la primera: a) Evelyn Stevens: "culto a la superioridad femenina, que enseña que las mujeres somos semidivinas, superiores moralmente y más fuertes espiritualmente que los hom-

---

[1] Castellanos, Rosario. *El eterno femenino*, p. 154.
[2] Ídem, p. 62.
[3] Ídem, p. 7.

bres". b) Diccionario de la lengua española: "Culto o devoción a la Virgen María". c) María Mercedes de Velasco, crítica: "El marianismo no es un fenómeno religioso [...] Este término se refiere a las actitudes estereotipadas consideradas culturalmente como femeninas".

De estos conceptos es posible identificar el último como la perspectiva que enfoca Castellanos al definir al marianismo. Así, la autora define a través de sus personajes que la mujer "decente" es aquélla que demuestra pasividad sexual. Mientras que la mujer "no decente" es aquella mujer activa en los territorios de la sexualidad. Rosario Castellanos recrea estereotipos de mujeres marianas y hombres machistas en su obra, la cual se convierte en superposición de imágenes que representan los mitos de la sociedad latinoamericana y los hace irrisorios al revestirlos con el recurso del sarcasmo: Mujeres que invaden las acciones masculinas y hombres que actúan de acuerdo con patrones considerados femeninos.

Los tres actos de la farsa se desarrollan en cuadros breves relacionados con el tema: En el primer acto se muestra la vida conyugal de Lupita y Juan, matrimonio de clase media. Aquí se desacraliza el mito de la virginidad, la pureza, la dedicación maternal, la fidelidad, la resignación. Lupita está lejos de ser la mujer ideal y Juan es una caricatura del macho. Son personajes que pierden su particularidad para convertirse en estereotipos. La madre de Lupita dice que una mujer decente no disfruta las relaciones sexuales. Y si las disfruta, debe disimularlo. La actividad sexual la igualaría a las bestias. Después, la venganza de Lupita ante la infidelidad es paralelo con el corrido de Rosita Elvírez. El jarabe sobre la tumba representa a la viudez como estado ideal. Se desmitifican comportamientos transmitidos de generación en generación: obediencia a la madre, rutina matrimonial. La obra es un auténtico simbolismo: la noche de bodas es una faena taurina: ella, la bestia que sufre; él, el torero. En el segundo acto observamos anécdotas de mujeres mexicanas famosas, víctimas de convenciones y represión. Las protagonistas son activas; muestran capacidad intelectual y sagacidad, intereses políticos y sociales. Y esto se aprecia en los papeles invertidos donde la mujer decide por el hombre: Rosario de la Peña, Carlota, la Corregidora, Sor Juana (insinúa inclinación por el sexo femenino), Eva. En el tercer acto se muestra la soledad en la soltera: el aula vacía de la maestra, la hoja en blanco de la secretaria, la cama sin paciente de la enfermera, la querida que termina abandonada, la prostituta explotada por el "cinturita".

Conociendo de antemano que todos los personajes de una obra son ficticios [1] —puesto que la literatura es creación y recreación— es posible encontrar en ellos total o cierta semejanza con personajes de la vida real. Considerando una identificación o similitud con personajes ya conocidos, es justificable clasificar a los personajes de *El eterno femenino* de la siguiente manera: Histó-

---

[1] Con excepción de la crónica y el testimonio, obras cuyo afán es el fiel reflejo de la realidad.

ricos: la Malinche y Cortés, Sor Juana Inés de la Cruz, Josefa Ortiz de Domínguez, Maximiliano y Carlota, Rosario de la Peña y Manuel Acuña, Adelita. Míticos: Adán y Eva. De ficción: ama de casa, secretaria, criada, peinadora, maestra, enfermera, prostituta, reportera, lavandera.

Castellanos aborda diversas situaciones en donde se involucra a la mujer: estados civiles como el celibato, el matrimonio, la vida religiosa, la viudez, el amancebamiento. Además, la autora ubica a la mujer mexicana en el transcurso de la historia: en la conquista, la época de la colonia, durante la revolución, en la actualidad; asimismo en sus etapas de vida: juventud, madurez, vejez. Por otra parte, es posible encontrar a la mujer en diferentes situaciones económicas y sociales, niveles educativos y políticos.

En síntesis, Rosario Castellanos presenta las contradicciones y los conflictos que afectan a la mujer. Es posible considerar la obra como muestra del teatro del absurdo ya que, tanto el humorismo como el escarnio, provocan la no identificación con los personajes, lo cual permite ver, desde cierta distancia, la realidad de la mujer mexicana. La obra invita a la mujer a ser creativa y original, a buscar soluciones propias que posibiliten una vida más acorde con la realidad y con el deseo.

Bibliografía
Castellanos, Rosario. *El eterno femenino*. Fondo de Cultura Económica. México, 1992.

Velasco, María Mercedes de. El marianismo y el machismo en *El eterno femenino* de Rosario Castellanos. Ensayo para el curso SPAN 6339 de la UTB/TSC.

Anderson Imbert, E. *Historia de la literatura hispanoamericana II*. Fondo de Cultura Económica. México, 1979.

Visual Diccionario Enciclopédico Color. Ediciones Trébol, S. A. Colombia, 1996.

Notas sobre *Yo también hablo de la rosa*

Yo también hablo de la rosa es una pieza dramática con la estructura formal de loa que el mismo escritor mexicano, Emilio Carballido (1925-2008), define al inicio de la obra. En ella explora la vida como fenómeno complejo que carece de explicación racional. Aparecen una serie de personajes que muestran su perspectiva sobre la vida: la intermediaria, Toña, Polo, señor, señora, Maximino, entre otros. Pero la intención de estas reflexiones informales es el acercamiento a la concepción particular de cuatro personajes de la obra: el primer profesor, el segundo profesor, el señor y el locutor.

Un momento arbitrario —trágico, por un lado, pero sin pérdidas humanas, ya que la obra es un homenaje a la vida— que puede gestarse en la vida cotidiana se analiza desde variados puntos de vista: Tras algunos momentos de conversación y juego que denota ocio, los adolescentes Polo y Toña realizan una inocente travesura de consecuencias inesperadas y graves: el descarrilamiento de un tren.

A partir de esta situación —por momentos absurda—, los diversos personajes emiten juicios personales sobre el acontecimiento.

El primer profesor, pulcro en su arreglo personal, analiza la situación planteada con anterioridad desde su particular perspectiva —freudiana—, la cual se empeña en observar al hombre como un paciente de complejidad psicológica que, a la vez, se deduce a través del análisis conductual y las manifestaciones espontáneas del subconsciente. De este modo establece que las actitudes de Toña, Polo, Maximino, etc., connotan un vínculo interno bastante estrecho con la sexualidad: el teléfono (símbolo de comunicación sexual), la motocicleta (símbolo sexual), las fotografías con dedicatoria (fetichismo), los sueños de vuelo (plenitud sexual).

El segundo profesor, con un arreglo personal anticuado, muestra su perspectiva de la vida abordando el mismo acontecimiento, sólo que su herramienta de análisis es el pensamiento marxista. Deduce que el hombre no puede vivir aislado, que es un ser sociable por naturaleza. El segundo profesor analiza situaciones sociales tales como la afición popular al juego como conducta de países subdesarrollados, el obrero como símbolo del sindicalismo, el basurero como símbolo de producción sin planeación, el Hombre como imagen de la Economía.

El señor es un personaje breve, al parecer de clase media–alta, que opina sobre el descarrilamiento en comentario informal con su esposa. Su opinión estriba en que algunas conductas humanas se explican cuando se conoce su nivel económico. Así determina que la acción de Polo y Toña son producto de la miseria que los rodea.

El locutor es un personaje que aparece una sola vez, pero lo suficiente para darle cierto rumbo interesante a la loa del dramaturgo mexicano. Es aquél una especie de conductor frente a un público; plantea el análisis de tres imágenes fotográficas: una rosa, un pétalo y un tejido de pétalo. El propósito de su intervención es averiguar entre el público cuál de las tres imágenes es la verdadera. En este cuadro podemos deducir cierta simbología de la rosa con la vida: el locutor determina que los tres elementos dependen uno de otro, que un elemento aislado no existe, que son milagros que carecen de explicación racional.

El dramaturgo mexicano me sorprende con una obra que no sólo muestra un destacado dominio de la técnica dramática (secuencia lógica de cuadros y efectos técnicos), sino un amplio conocimiento académico y profundidad filosófica —la vida— al combinar situaciones donde se requiere elasticidad de pensamiento y reflexión para establecer analogías.

NOTAS SOBRE *EL CEPILLO DE DIENTES*

El cepillo de dientes (1961) es una de las piezas dramáticas más importantes del escritor argentino —nacionalizado chileno— Jorge Díaz (1930-2007). Por las características temáticas y situacionales, la farsa es considerada como una contundente muestra del teatro del absurdo. Sin embargo, es posible encontrar en la obra algunos rasgos del teatro épico.

Las influencias del teatro del absurdo se reflejan principalmente en la incomunicabilidad del matrimonio formado por dos singulares personajes: Él y Ella. Mediante "diálogos", que en realidad son monólogos intercalados, los protagonistas reflejan situaciones de factibilidad dudosa en la vida cotidiana; de ahí la denominación de absurdo:

"*Él: (Ofreciendo.) ¿Más café, querida?*

Ella: Con dos terrones, por favor.

Él: ¿Con crema o sin?

Ella: Ah, eso es en las películas, mi amor.

Él: ¿Qué cosa?

Ella: La crema.

Él: ¿¿Qué crema?

Ella: La que me ofreciste antes.

223

Él: ¿Yo? ¿De qué estás hablando?" [1]

Por ende, los personajes son "antimodelos", de tal manera que el espectador no encuentra identificación con ninguno de ellos pues son personajes risibles y, en ocasiones, cubiertos de patetismo.

Es aquí donde el concepto teatro épico aparece en *El cepillo de dientes*. El dramaturgo alemán Bertolt Brecht, creador del concepto mencionado, formula que en este tipo de teatro el espectador se transforma en un observador que hace conciencia, que refuerza su postura crítica y le hace actuar en contra de las actitudes del "antimodelo" mediante un distanciamiento que le permite identificar la propuesta del autor con objetividad. Así predomina la razón sobre el sentimiento o la emoción, lo cual nos remonta a la característica antigua del neoclasicismo sobre lo romántico. Esta situación está presente en el desarrollo de la obra de Díaz, ya que los personajes caen en posturas ridículas, en el hoyo del escarnio y, con esta situación, el dramaturgo pretende la no identificación entre el espectador y el personaje.

Existe un divisionismo remarcado en la disposición escénica. Este espacio bipartido —confusamente bipartito, ya que no denota común acuerdo— muestra la disimilitud entre los protagonistas: Él con gusto por lo español, lo antiguo, como símbolo de la tradición; Ella con gusto por lo danés, lo ultramoderno, como símbolo de un rompimiento convencional. Esta situación es bastante

---

[1] *9 dramaturgos hispanoamericanos*, p. 77.

interesante porque en ella se muestra la diferencia de gustos, opiniones, hábitos y puntos de vista que distorsionan y repelen el concepto ideal del matrimonio: la comunicación. La inversión de espacios en el segundo acto viene tal vez a reafirmar esos cambios continuos del estado anímico de ambos como consecuencia de la rutina.

Existe un remarcado paralelismo entre la desaparición de los bastidores escénicos y la situación de los protagonistas. Mediante mecanismos y técnicas del teatro, el escenario va desapareciendo poco a poco hasta quedar sólo algunos muebles. De manera simultánea, Él y Ella inician una serie de peticiones a los tramoyistas que permanecen ocultos a los laterales del escenario, indicando que no han terminado aún:

"*Él: (De pie.) ¡Todos los días lo mismo!... (Gritando hacia los laterales) ¡Dejen todo como está que no hemos terminado todavía!*"[1]

El vocablo *todavía* en la cita textual nos indica el rumbo que el matrimonio tomará. Esta situación es un símbolo preciso de la desaparición de aquello que un día fue matrimonio. De esta manera, Díaz ridiculiza ciertos hábitos y actitudes en algunos matrimonios al grado de posibilitar una intención didáctica en la farsa.

Bibliografía
9 dramaturgos hispanoamericanos. Antología del teatro his-

---

[1] *9 dramaturgos hispanoamericanos*, p. 118.

panoamericano del siglo XX. Tomo III. Colección Telón. Impreso y hecho en Canadá. Segunda edición 1983.

Glosario de términos teatrales y dramáticos. Material para el curso SPAN 6339 Teatro Hispanoamericano Contemporáneo de UTB/TSC.

LECCIÓN DE MORAL EN *LA VERDAD SOSPECHOSA*

Juan Ruiz de Alarcón (1580–1639) es uno de los dramaturgos más representativos del Siglo de Oro Español.
Nacido en México, se marcha a España en busca de las
oportunidades que su tierra natal le niega. Pero en España encuentra el escarnio que se transforma en elemento cotidiano en la vida del escritor: es centro de todas las
burlas. Lope de Vega, Luis de Góngora, Francisco de
Quevedo, Tirso de Molina y otros, lo caricaturizan sin el
menor remordimiento por su defecto físico. Esta situación, por ende, crea en Ruiz de Alarcón poca sociabili-
dad y apartamiento, elementos que condicionan su teatro.

Pueden, en su teatro, observarse comedias de enredo, de carácter e históricas. En el primer período que
comprende los años anteriores a 1614, dentro de las
comedias de enredo —aquellas ingeniosas y complica-
das en la trama— destacan: *La culpa busca la pena, El des-
dichado en fingir, La Cueva de Salamanca, Quien mal anda mal
acaba, El semejante a sí mismo.* Tal vez sus mejores obras
—segundo período, a partir de 1614— son las comedias
de carácter: *La verdad sospechosa, Los favores del mundo, Las
paredes oyen, Ganar amigos, El examen de maridos, No hay mal*

227

que por bien no venga y la comedia histórica *Los pechos privilegiados*. Las comedias del primer período destacan expresiones de cortesía y alusiones a México y reflejan influencia de Lope de Vega. En el segundo período es posible observar la sustitución de la ética convencional de la comedia por los conceptos morales, un mayor dominio de la técnica teatral e influencia gongorina. En general, su estilo límpido y conciso, sus escenas bien cortadas y precisas en tiempo y lugar, sus diálogos breves, sin repeticiones, crean un teatro singular que lo distingue de sus contemporáneos.

La excesiva cortesía es característica en sus personajes, como lo era él mismo. Los diversos criados en sus comedias suelen ser sirvientes respetuosos, confidentes leales, además de ser graciosos. Destaca las virtudes tales como la sinceridad, la lealtad, la gratitud y, por encima de todo, como en la mayoría de los escritores del Siglo de Oro, el honor, principio fundamental de la moralidad española.

El dramaturgo francés Pierre Corneille, creador de *Le Menteur* inspirada en la obra de Ruiz de Alarcón, dice de *La verdad sospechosa*: *"La invención de esta comedia me encanta de modo que, para mi gusto nada hay comparable con ella en su género, ni entre los antiguos ni entre los modernos"*. [1]

Esta obra tiene el enorme mérito —no el único, por supuesto— de ser la primera comedia de carácter en el teatro español y aun en el teatro europeo. La comedia de

---

[1] Álvarez, Ma. Edmée. *Literatura mexicana e hispanoamericana*, p. 118.

carácter es un reflejo absoluto de la vida social, una crítica a las costumbres de la sociedad que cae en lamentables hábitos y forja ciertos caracteres. Por lo general se aproxima al aspecto moralista, pero, más que moralizar, sanciona culpas de acuerdo con el derecho humano. Juan Ruiz de Alarcón pone a la conciencia como dirigente de las acciones del hombre por encima de la religión.

La verdad sospechosa es considerada por algunos críticos como una lección de moral, donde el mentiroso es castigado de manera justa. En ella se ridiculiza el vicio de mentir y la petulancia de Don García. Pero ¿por qué miente Don García? ¿Por qué es petulante? Tal vez miente porque su inmadurez no le permite dilucidar los conceptos de moral, buenas costumbres y sociedad, pues por encima de estos elementos pasan su pretenciosa hegemonía y su obcecado deseo de ser aceptado como caballero.

Don García, joven recién egresado de las aulas, regresa a Madrid, al lado de Don Beltrán, su padre, quien se interesa por conocer las cualidades y defectos de su hijo. Se le advierte que tiene el despreciable vicio de mentir. El padre trata de casarlo antes de que ese vicio sea conocido en la corte. Don García conoce a Doña Jacinta y Doña Lucrecia de quienes confunde nombres y de ahí empiezan sus desdichas; encuentra a sus coterráneos Don Juan y Don Félix, el primero enamorado de Jacinta, que anda muy celoso a causa de las mentiras de Don García respecto a su amada. Éste se entera que su padre ha planeado casarlo con Jacinta, de quien Don García se dice enamorado, pero que cree ser Lucrecia y no se opone abiertamente a la proposición, pero luego de oírla en su padre, inventa estar casado en Salamanca. Posteriormente el padre se entera de que su hijo le ha mentido, que lo ha puesto en ridículo y se disgusta. Se dispone un nuevo matrimonio: el de Don García con Lucrecia, nombre que él da a Jacinta quien a su vez está comprometida con Don Juan y al dirigirse a ella, se entera sobre la confusión de nombres de tal modo que el padre le exige contraer matrimonio con la mujer que no ama. Don García se resigna.

Es aquí donde la posible lección moral hace acto de presencia: Don García recibe un tremendo castigo al quedar privado de la mujer que él ama. Esta "moraleja" queda explícita en los versos de Tristán al finalizar la obra:

"Y aquí verás cuan dañosa
es la mentira: y verá
el senado que en la boca
del que mentir acostumbra
es la verdad sospechosa."[1]

Los personajes de *La verdad sospechosa* están definidos con precisión y profundizan en las causas del mal que intentan criticar: Don García es un joven que, a pesar de ser mentiroso en todo momento, despierta simpatía en los demás; pero en ningún momento empatía, ya que

---

[1] Ruiz de Alarcón, Juan. *La verdad sospechosa*, p. 74.

entre el espectador y el personaje se establece una especie de "distanciamiento" —definido en el teatro del siglo XX por el alemán Bertold Brecht— que le permite a aquél contemplar la verdad para emitir un juicio al respecto:

"… *para cambiar hábitos del espectador y otorgarle el papel de observador crítico* […] *Recurría* (Brecht) *para tal fin al efecto de 'distanciamiento', que debía impedir al espectador identificarse y sugestionarse con el hecho dramático*".[1]

Don Beltrán no es el padre incólume y severo como lo fueron los padres de ese tiempo: perdona la cadena de mentiras de su hijo y para poner remedio al asunto acuerda casarlo de inmediato antes de que se conozca en la corte "*cosa tan fea / en hombre de obligación*":

"*… Hoy he de acabar,*
si puedo, su casamiento:
con la brevedad, intento
este daño remediar,
antes que su liviandad,
en la corte conocida,
los casamientos le impida
que pida su calidad."[2]

Jacinta y Lucrecia son mujeres interesadas —por ende, frívolas— ya que aquélla, estando comprometida con Don Juan, acepta recibir en matrimonio a Don García. Tristán, criado fiel, amigo incondicional y buen consejero de Don García, es un personaje filosófico–

---

[1] *Enciclopedia Autodidáctica Siglo XXI*, p. 234.
[2] Ruiz de Alarcón, Juan. *La verdad sospechosa*, p. 38.

humorístico; es Tristán el portavoz de la buena conciencia en la comedia:

"... *que el mostrarse muy amante*
antes daña, que aprovecha;
y siempre he visto que son
venturosas las tibiezas."[1]

En cuanto al lenguaje y la forma, *La verdad sospechosa*, dividida en tres actos, demuestra que el dramaturgo realizó un trabajo minucioso en la selección de vocablos, recursos literarios y giros sintácticos para construir las diversas estrofas que estructuran la pieza dramática: redondillas, romances, entre otras, de tal modo que el autor se acerca a la perspectiva formal que establece Don Félix Lope de Vega cuando dice:

"*Acomode los versos con prudencia*
a los sujetos de que va tratando,
las décimas son buenas para quejas;
el soneto está bien en los que aguardan;
las relaciones piden los romances,
aunque en octavas lucen por extremo.
Son los tercetos para cosas graves
y para las de amor las redondillas."[2]

Existen en la obra diversos temas que el dramaturgo aborda con el propósito de satirizar hábitos y actitudes propias de la época. Por su intención, la obra es considerada comedia de carácter, ya que en ella se ridiculizan los vicios de mentir y la petulancia, entre otros. En este

---

[1] Ruiz de Alarcón, Juan. *La verdad sospechosa*, p. 28.
[2] Chorén, Josefina, et al. *Literatura Mexicana e hispanoamericana*, p. 81

tipo de comedia es posible identificar una especie de lección moral donde el personaje que posee el vicio recibe un duro castigo.

Entre los temas se encuentran el amor y la amistad, además de considerar temas sociales y políticos.

El amor en sus variadas manifestaciones e intensidades está presente en la obra: El amor paterno, cuando Don Beltrán lo expresa ente al Letrado. (Acto primero, escena II, cuarto parlamento). El amor a la mujer, cuando Don García encuentra a Jacinta —a quien él llama Lucrecia— en las Platerías queda prendado de su belleza. (Acto primero, escena IV, cuarto parlamento). La amistad es otro elemento que puede percibirse en el transcurso de la obra: La amistad entre Tristán y Don García, que se convierte en tal porque a Tristán le preocupa el bienestar de García y éste le considera fiel confidente. (Acto segundo, escena XVI, trigésimo primer parlamento). La amistad entre Don Beltrán y Don Juan de Luna la cual, en realidad, es motivada por intereses políticos. (Acto tercero, escena XIII, noveno parlamento).

Los temas sobre aspectos sociales abundan en la obra. Me permito mencionar algunos de los más relevantes desde mi perspectiva: El vicio de mentir; Don García es un mentiroso natural. Jamás se retracta de sus embustes con la intención de conservar su credibilidad. (Acto primero, escena VII, tetragésimo cuarto parlamento). La petulancia en el mismo personaje es uno de los temas principales más satirizados. El alarde es otro vicio en Don García. (Ídem). El honor, porque Don García está dispuesto a enfrentar a Don Juan de Sosa a quien mintió sobre Jacinta (Lucrecia). (Acto segundo, escena III, décimo parlamento). La apariencia. Don Beltrán pretende guardar las apariencias al apurar el casamiento de Don García, antes de que su vicio se conozca en la corte. (Acto primero, escena IX, cuarto parlamento). La frivolidad en la mujer, porque Jacinta está dispuesta a aceptar a Don García, a pesar de guardar compromiso nupcial con Don Juan de Sosa. (Acto segundo, escena XV, primer parlamento).

El asunto político también está presente en la relación amistosa entre Don Beltrán y Don Juan de Luna, quienes acuerdan el casamiento de sus hijos por intereses personales. (Acto tercero, escena XIII, décimo quinto parlamento).

Es *La verdad sospechosa* una muestra incuestionable, singular y auténtica del teatro más importante del siglo de oro, donde el fino humorismo y la mordacidad de la crítica al vicio de mentir —sin la frialdad de la terminología excesivamente rebuscada— construyen una obra que bien podría ajustarse a cualquier tiempo y cualquier espacio.

Bibliografía

Álvarez, María Edmée. *Literatura mexicana e hispanoamericana.* Editorial Porrúa, S.A. Impreso en México. Trigésimocuarta edición 1992.

Chorén, Josefina, Guadalupe Goicoechea y Ángeles Rull. *Literatura mexicana e hispanoamericana*. Publicaciones Cultural. Impreso en México. Primera reimpresión 1991.

Díaz Plaja, Guillermo y Francisco Monterde. *Historia de la literatura española e historia de la literatura mexicana*. Editorial Porrúa, S.A. Impreso en México. Vigésima edición 1984.

Enciclopedia Autodidacta Siglo XXI. Literatura. Ediciones Euroméxico, S.A. de C.V. Impreso en España. 1998.

Millán, María del Carmen. *Literatura mexicana*. Editorial Esfinge, S.A. Impreso en México. Novena edición 1978.

Ruiz de Alarcón, Juan. *La verdad sospechosa*. Editores Mexicanos Unidos. Impreso en México. Tercera reimpresión 1992.

EL METATEATRO Y EL PROCESO CREATIVO EN *IDA Y VUELTA* DE MARIO BENEDETTI

I. El metateatro y el proceso creativo

Uno de los experimentos más interesantes dentro de la dramática contemporánea es el metateatro, recurso en donde el dramaturgo presenta teatro dentro del teatro. El escritor Mario Benedetti (Uruguay, 1920-2009) explora y define una amplia panorámica de este recurso dramático en su comedia *Ida y vuelta* (1955).

En esta obra aparecen diversos personajes. Entre ellos destaca el Autor, que es el protagonista y el eje principal en el desarrollo de los acontecimientos. El Autor es catalizador o agente catalítico, ya que a partir de él se va delineando el rumbo de la trama. Este personaje es el eslabón de mayor significación y fuerza; pero es, a la vez, varios eslabones. Su intervención continua logra hilvanar y relacionar a los demás personajes y a los hechos entre sí. El Autor es el creador de los demás personajes, es quien los gobierna, quien ejerce poder sobre ellos porque son fruto de su creatividad. Por lo tanto, su relación con ellos es intrínseca e inseparable:

"Estos tipos a veces se olvidan de que es el Autor, y sólo el

Autor, el que gobierna a sus personajes…" [1]

Mientras que el Autor cumple con sus parlamentos va dictaminando su preferencia o disgusto por algunos de los personajes que ha creado: su antipatía por Juan, su simpatía por Carlos y, en cierto modo, su empatía por María, la que sufre sin remedio tras la separación temporal entre ella y Juan, mientras él viaja por Europa.

Es necesario distinguir la estructura de las acotaciones de escena, las cuales son continuas y extensas, ya que Benedetti pretende elaborar una meticulosa descripción de los diversos ambientes que se van creando durante el transcurso de la obra.

En *Ida y vuelta* Benedetti no sólo recurre a una vindicación del teatro, sino que lo reivindica al crear un espacio donde castiga al teatro viciado y hueco que ha caído en estereotipos. En esta pieza dramática, Benedetti crea personajes comunes, nativos de la capital uruguaya, personajes que se mantienen distantes de lo extraordinario de los personajes homéricos. Además, el escritor teoriza sobre la dignidad como un recurso indispensable del teatro pero que sólo debe aparecer en el momento preciso:

"En el teatro, la dignidad queda siempre bien. Pero es un desperdicio que un personaje sufra un ataque de dignidad en mitad de la obra. La dignidad debe ser el efecto final, el broche de oro…" [2]

Con tendencia irónica, Benedetti define un teatro de

---

[1] Solórzano, Carlos. *El teatro hispanoamericano contemporáneo*, p. 94.
[2] Ídem, p. 74.

la prepotencia a través de la voz del Autor, estableciendo un paralelo con uno de los recursos económicos más importantes de Uruguay —el petróleo— como una variante de interés para el teatro nacional, donde la idea puede ser arrebatada por otros dramaturgos extranjeros:

"El porvenir del teatro nacional está en el petróleo que están buscando. Si aparece, no faltará quien nos lo quite a prepotencia, y tendremos entonces un teatro de oprimidos, un teatro de la prepotencia." [1]

Benedetti presenta una teorización sobre el efecto de la dramaturgia, efecto que contrapone a la teoría del dramaturgo irlandés George Bernard Shaw:

"Es un efecto contrario al de las obras de Bernard Shaw, donde uno piensa que siempre va a pasar lo mismo, y pasa lo contrario. En mi teoría personal, uno piensa que siempre va a pasar lo contrario y pasa siempre lo mismo. [...] La sorpresa de la no—sorpresa." [2]

Mario Benedetti desciende al inconsciente de los personajes. Afirma que la aparición del desánimo entre los personajes cuando éste no presenta un deslinde trágico, extraordinario por su impacto, es símbolo de mediocridad en el tratamiento de la obra; que el suicidio, por ejemplo, bien representa una situación teatral efectiva cuando aparece como catástasis de la trama:

"...en el teatro resulta contraproducente desanimarse. El desánimo es teatral cuando culmina en el suicidio, pero en los de-

---

[1] Solórzano, Carlos. *El teatro hispanoamericano contemporáneo*, p. 76.
[2] Ídem, p. 79.

más casos resulta un estorbo." [1]

Por último, recurre a la crítica social cuando enuncia que los personajes nacionales carecen de características suficientes y necesarias para crear grandes obras de teatro, ya que la inseguridad del montevideano y su falta de confianza no le permite ser fuente efectiva para la creación de grandes personajes, que para lograr la creación de grandes obras se requieren grandes personajes y temas:

"El personaje nacional no tiene coherencia. Primero quiere una cosa, después otra, ¡nunca se pone de acuerdo consigo mismo! [...] lo montevideano no es teatral... de que para hacer grandes obras son necesarios grandes temas... y nuestros temas son chiquitos... como para soneto..." [2]

La reflexión sobre la composición teatral en *Ida y vuelta* es tal vez el aspecto de mayor interés y trascendencia literaria, ya que Mario Benedetti critica al teatro convencional y asimismo reivindica, desde su personal perspectiva, la teoría y técnica del teatro contemporáneo.

II. El agente catalizador

El agente catalítico o catalizador es, desde el punto de vista teatral, el que permite el desarrollo de los hechos en una pieza dramática. En el caso objeto de análisis, el Autor es el agente catalítico, ya que mediante su constante intervención va determinando el rumbo de la

---

[1] Solórzano, Carlos. *El teatro hispanoamericano contemporáneo*, p. 90.
[2] Ídem, p. 122.

trama:

"Pero no voy a explicarles mi teoría, por la sencilla razón de que las largas tiradas hacen mucho mal al teatro. En la escena tiene que pasar algo... Entonces vamos a ver qué pasa aquí (Hacia adentro.) ¡Telón de cine, por favor!" [1]

El Autor aparece en cada cambio de escena porque así lo determina él mismo, reflexiona sobre lo recién presenciado y lo que se presenciará a continuación, de tal modo que este personaje define la dirección de los acontecimientos.

III. La crítica sobre la realidad nacional

En *Ida y vuelta*, Mario Benedetti no ignora la realidad social que vive el ciudadano uruguayo. El autor condena el ensimismamiento exacerbado de personas y la fuerte influencia que la cultura europea ejerce desde hace tiempo sobre los países del cono sur de América. La crítica a esa realidad nacional está presente en una serie de acontecimientos descritos durante el transcurso de la pieza teatral:

a) Crítica al montevideano que admira a Europa y aborrece lo autóctono en un afán de considerar lo extranjero —lo europeo, en realidad— como aquello digno de admirarse:

"Juan: [...] La gente, los museos, los puertos, las ciudades. Dicen que hasta el cielo es diferente.

María: Sí, eso dicen.

---

[1] Solórzano, Carlos. *El teatro hispanoamericano contemporáneo*, p. 68.

Juan: Aquí somos demasiado sencillos." [1]

b) Crítica al sistema de becas siempre con miras hacia Europa:

"… la concentración […] de todos los becarios debe hacerse en París. En París se encuentran tantos becarios uruguayos como ex–primeros ministros franceses." [2]

c) Crítica a la burocracia:

"¿Quién no trabaja hoy en día? Algún empleado público, ya lo sé." [3]

d) Crítica al teatro convencional, en afán de reivindicar al teatro contemporáneo:

"Pero no voy a explicarles mi teoría, por la sencilla razón de que las largas tiradas hacen mucho mal al teatro." [4]

e) Crítica al patetismo amoroso de las radionovelas, donde el Autor coloca en la picota del escarnio la idea de un teatro neorromántico:

"Voz de hombre: ¡Margaret!

Voz de mujer: ¡Richard! ¿Tú aquí?

Hombre: Sí, Margaret, por última vez.

Mujer: ¡Nooo!

Hombre: Es preciso conformarnos, Margaret." [5]

f) Crítica a la crítica, quienes juzgan positivamente las influencias de grandes autores e ignoran posibles innovaciones:

"María está horriblemente sola. Bueno, ustedes habían en-

---

[1] Solórzano, Carlos. *El teatro hispanoamericano contemporáneo*, p. 90.

[2] Ídem, p. 91.

[3] Ídem, p. 66.

[4] Ídem, p. 68.

[5] Ídem, p. 95.

tendido, por sus propios medios, este paralelismo, ¿verdad? Pero de todos modos conviene explicarlo un poco para los críticos." [1]

g) Crítica al ridículo y absurdo conformismo ante lo inalcanzable que resulta lo europeo:

"… cuando fui a ver cómo pasaba la Reina. Claro, la Reina no se ve. La flecha señala dónde estoy yo. Durante una fracción de segundo conseguí ver al chofer de la Reina en un espacio comprendido entre el casco de un policía y la oreja de una gorda…" [2]

h) Crítica a las escenas amorosas caídas en el melodrama:

El Autor: (Conmovido, pasándose discretamente el pañuelo por los ojos.) ¡Adiós los dos!… Pobres muchachos… Me da una lástima…" [3]

La realidad uruguaya es una embarcación a punto de irse al naufragio, por lo que Mario Benedetti critica las diversas actitudes con el objeto de despertar conciencia en el montevideano sobre su realidad y, con una intencionada subestimación de los recursos locales, reivindicar la singularidad y la grandeza de lo nacional.

IV. El lenguaje, elemento esencial de la obra

El escritor uruguayo es uno de los poetas más representativos de la literatura hispanoamericana. Sin embargo, las manifestaciones poéticas no son el principal giro en los parlamentos de los diversos personajes de la obra. Desde luego, existen ciertas descripciones llenas de figu-

---

[1] Solórzano, Carlos. *El teatro hispanoamericano contemporáneo*, p. 97.
[2] Ídem, p. 101.
[3] Ídem, p. 118.

ras literarias y recursos estilísticos que enriquecen el lenguaje utilizado. Esto no quiere decir que el lenguaje de *Ida y vuelta* sea de complejidad y ambigüedad extremas para el entendimiento de la trama, sino que la fuerza expresiva de las frases ingeniosas —más que poéticas, en especial en el protagonista— proporcionan a la obra la riqueza literaria y la singularidad de una excelente pieza teatral:

"Pero… hay que hacer antesalas, arrimarse al sol que más calienta…" [1]

Por otra parte, el dialecto uruguayo irrumpe en las voces de los personajes que intervienen en torno a Juan y María. Es fácil identificar el voseo y algunas expresiones coloquiales y vocablos graciosos[2] propios de Uruguay. Esta situación es notoria cuando en la obra dentro de la obra se llega a un receso, con el objeto de que el Autor defina con mayor exactitud a sus personajes. De manera inusitada, los personajes que han estado utilizando un lenguaje más sobrio durante su actuación recurren a diversas expresiones coloquiales en el dialecto uruguayo:

"Carlos: Oiga, don…

El Autor: ¿Qué, viejo?

Carlos: ¿Podemos ir un momento al café a tomar una cañita?

María: Cañita para usted. Para mí una gaseosa con ferné.

[…]

---

[1] Solórzano, Carlos. *El teatro hispanoamericano contemporáneo*, p. 91.

[2] Morfológicamente *graciosos* para la población hispanoamericana que desconoce el dialecto uruguayo, también empleado en la Argentina.

243

Juan: Pero, ché, no se haga odiar. Es un momentito nomás." [1]

Aunque algunos críticos *malintencionados* pudieran considerarla una obra regionalista por la temática abordada y el lenguaje utilizado, *Ida y vuelta* es una obra universal porque la realidad uruguaya es semejante a la realidad por la que atraviesan muchos países, no sólo de Hispanoamérica, sino del mundo.

Bibliografía
Solórzano, Carlos. *El teatro hispanoamericano contemporáneo.* FCE, México, 1964.

[1] Solórzano, Carlos. *El teatro hispanoamericano contemporáneo*, p. 93.

Índice

Hagamos un teatro

Made in the USA
Columbia, SC
12 June 2024

36474287R00150